20 世纪中国图书馆学文库·20

图书流通法

俞素昧 著

國 國家圖書館出版社

本书据商务印书馆 1936 年 3 月初版排印

杜　　序

现代图书馆的重要工作之一,是要使图书和读者发生密切的关系,此种关系之形成,实有赖于图书流通方法之改良,和流通范围之推广。一般读者常以借书手续的困难,归咎于整个图书馆事业;而图书馆工作的成绩,也往往与图书流通的增减为正比例。所以图书流通的工作,一方面在求方法的改良,出纳简捷,有条不紊,使读者得以充分利用此智识之宝库;一方面要使流通范围推广,将这智识宝库普及于大众。中国目前的急务,是普及教育;此项推广工作尤觉重要。本书著者从事图书馆事业多年,现在本其心得,写成此书,叙述图书流通的价值,方法和推广,颇为详尽。此种专书,国内出版尚少,此书之成,对于从事图书馆事业者,必多贡献也!

杜定友　民国廿四年九月

序　二

　　本校图书馆主任俞爽迷先生撰成了一部图书流通法，在将出版的时候，嘱我作一篇叙言，我不是一图书馆专家，何敢班门弄斧。不过对于图书一事，多少有些感想，尤其是我是一个研究教育的人，本人每日的生活，总是离不开图书；就是教他人读书做事的时候，也不要脱离了图书的关系。所以一提到图书，便要触动个人的心灵。我记得史家都痛骂秦始皇之焚书坑儒，以为是摧残文化；而不知道项羽入咸阳宫，火烧三月不熄，其图书之受损害，不言可喻。天下事往往无独有偶，中国以前图书的情形固如是，而欧洲亚历山大图书馆，也被当时日尔曼蛮族，烧得片瓦无存。这是由于过去主管图书馆的人，只知道收藏在一处而不使流通到各处的缘故。我还记得以前四库全书，有一部存在北平故宫博物院，好像镇日封锁起来，徒供蛀伤鼠咬，而不思开放阅览；像这样的把图书当成了古玩，可望而不可及，与全社会，全民众，有何益处？我以为图书馆的目的，一方面固然在珍藏典籍，保存文

2

献;一方面尤在供人阅览,推广文化。譬如我国古代学术出于官守,村夫俗子,莫得窥探;孔子以天纵之圣,洙泗讲论,委赘者三千人,学术之普遍化平民化,算以此时为嚆矢,而后世之称道不绝,是有理由可寻的。最近我国出版界,关于图书馆之组织,经营,搜集,编目,颇有专家,加以撰述;独有至于流通方面,似少有人注意。俞先生研究文学之外,并精于图书馆学,曾在江苏省立无锡教育学院,主持图书馆暨担任此项教课;其学识之精深,经验之丰富,何待多说!今著是书,以饷国人。我知道凡是办理图书馆和社会教育的同志们,是必人手一编。以谋图书之流通,阅览之普及;固而提高文化水准,复兴中华民族,则此书之影响,具是伟而且大啦!

吴家镇写于厦门大学春蚕室

廿四年九月廿二日

序　三

"书籍到民间去,"这是最近几年来,俄、土两国用以消除文盲的口号! 说到我们的国度,依照民国十八年四月廿六日国民政府通令公布之教育宗旨,规定:"中华民国之教育,根据三民主义,以充实人民生活,扶植社会生存,发展国民生计,延续民族生命为目的;务期民族独立,民权普遍,民生发展,以促进世界大同。"可是根据最近的统计,我国每千人中受小学教育者,不过十九人,每万人中受中等教育者仅七人,每百万人中仅有大学本科学生六十人,其不识文字者,约占总人口百分之八十。以如斯低下之人民教育程度,无怪民众意志日益消沉,民族意识日益薄弱;驯致人民生活力,组织力,自信力,完全丧失无余,民族固有精神的特点和固有文化的价值,几于不能维持和发扬;长此下去,哪里谈得上所谓民族独立,民权普遍,民生发展呢?

谁都知道:图书是一切人类思想感情或活动的记述,是人类知识历代相传的重要媒介,文化所以能继灌,学术

4

所以能发展，全都靠着图书。在目前国难一天严重过一天的中国，最要紧的工作，是唤起民众，复兴民族；然欲唤起民众，必先普及民众教育，切实消除文盲，做到"书籍到民间去，"才能有济于事。这种新的路向，我想谁也不会否认吧！

但事实告诉我们：我国农村疲弊，百业萧条，人民贫苦度日，衣食尚且不给，自无余力可以购买那不急切的书本。在这种情形之下，要使民众求知识字，而实际上无书可读，这岂不是等于缘木求鱼！所谓民众教育，所谓义务教育，目下都在尝试过程中迈进。可是要想做到全社会的民众，人人有书读，决不是一件很容易的事！爽迷先生抓住了这种事实，认定："现代图书馆的目的，是要使人和书发生有机的关系，换句话说，要使社会上无不读书的人，图书馆内无不被人读的书，"独能鞭辟近里，另辟蹊径，想出一种图书流通的方法，著成"图书流通法"一书，冀以唤醒国人，这实在可以说是图书馆界中一大异彩！

由来图书馆学之成为一种专门学问，是近几十年来新兴的事实。图书馆经营法上，虽有"图书流通"之一分目，但所谓"图书流通法"的著述，即在号称文化发达的欧美各国，也几如凤毛麟角，不可多得！爽迷先生独能本其所学，著成专书，我于拜读之余，深佩爽迷先生有独到之眼力和过人之见识，同时，深愧自己承乏厦大图书馆主任有年，对于此学，未能有所贡献！

最后我要声明一句,略识之无的我,根本配不上替人作序。爽迷先生既给我以阅读的优先权,又很谦虚的要我写点感想,附在卷末;固辞不获,只得拉拉杂杂的写了这些,作为我感谢的表示吧!

　　　　　　　詹汝嘉　二四、十、廿七

序

　　近代之图书馆与昔日之藏书楼,有种种区别。然区别之最大者,则似舍现代图书馆之注重图书流通与昔日藏书楼之注重图书保守莫属焉。图书可流通,则知识能传播,教育能普及;图书重保守,则知识只可为少数人之独享物,教育只可为少数人之奢侈品。吾国文化发达虽早,但近代图书馆之设立,至逊清末叶,始见端绪,而图书馆之须注重图书流通则迄今尚在徘徊瞻眺莫定行止中。全国各公私立学校图书馆虽早已感流通图书之需要,但公共图书馆之能大规模流通书籍,供一般民众之借阅者,则尚寥若晨星。至以国家及社会力量创设图书馆以尽量流通图书,则尤属仅见。较之他国图书馆事业之深入民间,望尘莫及。吾国今日欲发奋图强,改革民族,创造新社会,则自须尽量灌输知识,发展教育。而欲循此二途,期有进境,则除学校设施,社会运动等外,图书馆事业亦自属重要。图书馆之须注重流通图书,尤为循途前进之极要步骤。

吾国图书馆学著作,已出版多种。惟对于图书之流通,则尚无完好专书。吾人从事图书馆事业者常感缺乏南针之苦。今此书作者能以有系统之专著付梓问世。吾虽未获睹其全书,然读其纲目,喜其将有极大贡献,图书馆界同仁将可藉之改进图书馆事业,因乐为之序。

　　　　　　查修　二十五年一月十二日

编辑要旨

一、本书在使阅者明了图书流通之各方法,以及中外流通图书之概况,并将有关于图书流通之各项问题,介绍于阅者之前,虽未敢已云美善,然亦可为办理此项工作时,作一参考也。

一、本书所述之实施方法,力求简易合用,所谓卑之无甚高论,转能免于空疏无用之弊也。

一、本书计分十九大章,首述图书流通之意义种类等,并说明其在教育上之地位,次将各项办法逐一分论,俾有系统,并附有各种表卡规章,藉供参考,然后叙及各国图书流通事业之状况,及中国境内图书流通事业之调查,以资借镜。

一、本书以内容狭隘,材料不多,兼之编者学验浅薄,自知"择焉而不精,语焉而不详,"深望阅者本互相攻错之道,有以匡正焉。

目　次

第一章　图书流通的必要

我们要讨论"图书流通的必要"这个问题，第一就该先明了中国教育不能普及的理由，设使能将这理由解释得清楚，那末"图书流通的必要"的问题，便可以迎刃而解了。现在先将中国教育不能普及的原因，写在下面。

（一）教育太贵族化——不容说大学中学教育不许无资产或小资产的人去享受，便是小学教育，也不许不出钱的人去问津，所以在中国境内的学校教育，只是有产阶级的子弟，才得有进去念书的资格；才能有享受学校教育的权利。那没有钱的人，却只有望洋兴叹了，他们都认为这是各人生来的福气，丝毫不能勉强，咳！这种人为的定例，丧失了人们应受教育的幸福和权利，这实在是教育行政上一个很重要的根本问题。

（二）中国的书太不容易读——在没有提倡白话文之先，中国社会上的出版物，一味求其深刻古奥，引经据典，咬文嚼字，因此读者佶倔聱牙，兴趣索然，即使刻苦用功，十年寒窗，半生心血，也不过学了一点皮毛，要不是他父母督察得严,或他自身求知心切,恐怕早已将书包抛到九霄云外去了。

(三)中国人的读书观念太浅薄——要是你向一个任何农工商军没有读过书的人,来问他一声"你要读书吗?"他一定说:"书是读书人读的,我不想做官,所以也用不着读书。"这种根本没有读书观念的人,实在由于幼小没有好的感化和薰陶所致,还是情有可谅!但是现在还有许多读过书,或毕过业的人,一经放下书包,便好像已经登峰造极,毋须再要读书,不但把他读过的书,置之高阁,就是新书和图书馆也不愿他去问津;所以书店和图书馆的顾客,恐怕只有正在执教和受教的师生或临时抱佛脚的应考者了!

(四)要想读书的人,读书机会少——中国社会上最不平的事,没有像有了读书机会的人,不肯读书,没有机会读书的人反想读书,前者是属于一般衣周食足的纨绔子弟,后者是属于已经识过了几个字,正在商店做学徒,小伙计;在工厂做小工;在军营当兵警的人,他们积年累月,从他们的工作和报酬上所感到的痛苦,逼迫他们不得不感到读书的好处和读书的紧要,但是他们想虽想到,而他们的实力却终于达不到他们的目的,这是什么缘故呢?因为他们各自的主人为要维护他个人的私利,所以他们决不愿发慈悲替他们办夜校,即使他们自动地在早晚的辰光,去上民众学校,恐怕也做不到吧!至于要农工商军人等自己去买书读,这事在现在劳工报酬上,无论如何做不到的,因为他区区所入,食既不饱,衣还不暖,怎叫他抽得出钱买书呢?吓!尽其力,终其生,不过做一世牛马生活罢了!

(五)出版界太顾到自己的利益——出版界和教育界有互为因果的关系,在理中国的出版界因鉴于中国教育的不普及,应该抱薄利主义,藉以互助教育,不应将薄薄一本不满二十页的民众文学和儿童故事,也竟卖价八分或一角,这在有钱的人,当然不算希奇,可是没钱的人和苦学生,恐怕有点承担不下,只好不买不读了。在这一点上看来,也是中国读书人的大不幸吧!

(六)图书馆太少,太神秘——图书馆教育是全社会民众的终身教育机关,不像学校的教育,有严格的年龄,性别,资格,经济等等限制,可以说它辅助教育的功能,不在学校之下,但是在中国办教育的人,不注意图书馆教育,以及各地缺少图书馆的组织,已经是一桩文化落后的病征;再加之办图书馆的人,不但不知竭力去推行,反用严格的章程和神秘的态度,来限制人们的问津,这委实太糟糕哩!

综上六端看来,在(一)(二)两项是教育行政和教材问题,在(三)一项是劝化的问题,在(四)(五)(六)三项可以说是书的问题;除(一)(二)两项图书馆教育不能为力外,其他(三)(四)(五)(六)各项,都是与图书馆教育有连带的关系,所以办图书馆的人,用各种劝学方法,来解决第(三)项问题,用流通图书的方法,来解决第(四)(五)(六)项的问题,现在且专讲为什么流通图书便可解决这三项问题的理由。

讲到中国的出版界不能不说"质""量"两多,而且常有过剩的恐慌,所以他们一年到头,总是用着什么纪念,廉价和赠品等,来吸引顾客,已至其极,要是再勉强下去,便实行倒闭,这是什么缘故?第一便是书的代价定得太高,第二中国大多数的人只有预算他的生活费,没有预算他的教育费,和购书费,即使间或有顾到这一层的人,也有力不从心之苦,因此任你出版物发达到怎样田地,对于小资产或无资产阶级的人,一点也受不着他的恩惠,除非只有流通图书的方法,由各地图书馆,将社会上所出版的书,尽量的搜求,以不取任何酬报的办法,借给想读书而无力自置的人去读,使他不至于因没钱买书,便抛弃他读书的宏愿,这是图书要流通的第一大原因。

至于各地社会不能周设图书馆,已经是教育上一个大缺点,还要再用严格的章程,限制民众的问津,这何怪乎图书馆的事业格外不能发达和进展了。现在即使办图书馆的人,肯急起直追,尽力招徕一些读者,但是农,工,商,军,以及妇女,均以职务,时间,地处,经济等等的牵制,未必就能解决这些问题,立刻发愿向图书馆去阅书,所以图书馆要补救这种困难问题,除非只有将全部的图书,以信任的态度向全社会民众无限制的流通,尤其还要用劝进式的流通,如此民众得以无拘束地获得读书的利便,庶几有继续不断的问津,这便是图书要流通的第二大原因。

况且图书本来是给全社会人类研究参考的工具,谁都不能用偏隘的思想,把书视为私有财产,固封闭藏,仅供一己的使用,以阻止人类共通的研习,图书馆是辅助教育的机关,不是楠木式的书箱,也不是书本的保险库,只叫将他搜藏得好,处置得善,便算了事,假使如此,幸亏中国爱惜书本的人少,图书馆办得少,还不致尽将天下的书,搜而私藏;否则那些搜不着,买不起书的人,只好没书读了!这种背乎"教育公开"和"学术无私"的常理的办法,委实太不适宜!所以我们办图书馆的人,第一要顾到书本所以出版的意义,和所罗致的目的,并不是要给它深藏,是要使它有给全社会民众一个公开研习的机会,且使它有推广演进的可能,如此才不负出书的苦心和办图书馆的目的,这是图书要流通的第三大原因。

考查图书馆所以不肯将书流通的最大原因,实在是因为要保存书本,毋使遗失的缘故,要是站在保存国粹的立场上讲,这的确是一个要着,但是我们要明了社会上的事事物物愈神秘,愈不公开,愈足以发生骚扰,引起盗窃,总之民生问题一日不解决,教育事业一日不普及,而事事物物又一日不公开,这样的骚扰和盗窃,是无论如何不获幸免的,至于书之被人盗窃贩买,用以为解决生活问题确实是绝无仅有的事,其最大多数的原因,还是在乎要读书而不得,要买书而不能,要借书而无从的种种原因,假若一有机会可乘,便不惜牺牲名誉,不惜破坏他人利益,以求解决自己的读书问题,这种情形在积极方面讲是他公德上的欠缺,在消极方面讲,也是教育的方法不良,倘使图书馆能绝对地公开,使其书尽供天下人而读之,使天下人个个都得以有读书的实惠,图书馆即为人人的书库,人人亦以图书馆为自己的藏书室,予取予求,一无阻迟,随借随还,毫无留难,果能如此,决不会再有盗窃的事发生。这是图书要流通的第四大原因。

第二章　图书流通与民众教育的关系

随着革命势力而来的民众教育，因受了创导者的热诚鼓吹，和教育行政者的竭力辅助，已像雨后春笋般地进展不已；其最触动我们观念的，便是民众教育馆的创作，和识字运动的努力。这种现象委实可以说得是中国社会教育前途的好现象！

讲到民众教育最大和最后的目标，乃是要如何使全社会不识字的民众，个个识字；使已经识字的民众，个个有书读；同时还要使他们统统都生活在德、智、体、群的四育上面，做了一个有意识有自治能力的良民，这是何等重大的使命，何等扼要的工作！凡是一个公民谁都应该接受和辅佐这项工作，使他能够真正地达到普及教育的最后的目的才是。

至于说到要使全社会不识字的民众，个个识字，那当然要从举行识字运动，提倡民众日夜学校，广设问字处等等手续作起；可是同时还要使民众识了字之后，更有继续自修，和多读书本的可能，那么，这样却非多办图书馆不可;因为中国大多数的民众,为着生活上的压迫,教育费且说不上,哪有余钱可以置办他不急切的书本呢? 否则要是使民众识了字,仍是没有书给他读,那末叫他怎样发展思想,益增作为,有裨于国家社会呢? 所以在提倡民众教育的时候,还当同时提倡图书馆教育!

编者且把中国现有的图书馆情形讲一讲,规模宏大,设备完善的国立图书馆,可说是绝无仅有;就是省立图书馆,也只一省一个,其余县立的,那更不必说了,不但是寥若晨星,并且有几个图书馆有了开办费,便没有维持费,有了维持费,便没有添书费,捉襟见肘,窘态毕露,只有挂了块招牌,勉强支撑门户罢了! 再加之办图书馆的人,不但不肯到民间去宣传,去工作,还要以严格的章程,使民众受到时间,地处,经济等等限制,不敢问津,不乐尝试,图书馆教育,趋于这种状况之下,叫他何以能使民众获到有读书的实惠,而发扬图书馆的作为,以真正达到普及民众教育的目的呢!

据上说看来,普及民众教育,仰赖于图书馆如此急切重要,而图书馆既限于经费,不能随处设立,又因格于章程,未能尽量发展,这不是显系图书馆与民众教育不相为谋吗? 但是话虽这般讲,可是要政府一时拿出一笔钱,在各县镇同时都办起一个小规模的图书馆来,那也一定做不到;就是做到,那些受店规约束的商人,为地处阻隔着的乡僻农人,为军法钳制的兵警,以及日夜烟煤中生活的工人,怎样使他们抽得出身,跑到图书馆去坐一阵,读一会书呢?要是等他们散了工,息了店,放下了锄头,不但精力不能济事,便是图书馆也要饷以闭门羹吧!既然如此,任你怎样去提倡民众教育,其最后的成功,也不过教民众认识几个字,要他有书可读,还是办不到的,一个国民仅仅乎识了几个字,就算达到普及教育的目的,恐怕这终究不是根本解决的办法吧?除非使每一国民先认识了字,然后还能继续的有书读,藉以汲汲进取不已,如此方能使一国的民智日开,文化日进。至于要使民众教育能办到全社会的民众,人人有书读,这也说不得是一桩难事,只要办教育的人,肯提倡流通图书,或办图书馆的人,肯将他所搜集的书,全部流通,那何愁民众得不到书读呢。因为流通图书的办法,是打破旧图书馆严格的限制,得以将书很信任地,借给或通信寄予,或巡回,或陈列,或饷人专送给任何受地处,时间,经济,束缚的农工商兵,使人人得以就地有书读,如此办法民众既识了字,又有免费的书读,这不是上了促进文化的途径吗?所以编者敢大声疾呼地说:提倡民众教育,同时还要提倡流通图书教育。

第三章　图书流通与家庭教育及学校教育的关系

讲到人类最要紧的教育,便是家庭教育。为什么缘故呢?因为小孩在没有接受学校教育之前,便先承受了家庭教育,就是进了学校之后,因为接近家庭的机会多,和信仰父母的心理深,所以他所受的感化,还是比学校教育为多,所谓家庭教育,第一步当然是胎教,第二步是婴孩幼稚教育,第三步就是监察和指导他所受的学校教育,以及父母本身作则的示范,并随时随地切实的训诲,使他从小就有良好的训导,和良好的环境,那末他目濡耳染,当然有良好的结果;否则不此之图,而要单单靠着学校教育,这不是太苛求了吗?比如农夫种田,不先行选种和防患,便将谷子和稗草一齐撒下了田,等到后来稻长草也长,并且生了害虫,才能觉悟去删除,那岂不是太迟了吧?拿中国一般的家庭情形来看,要讲到家庭教育四个字,委实很不容易;因为家庭教育的重心,差不多完全系于母性,何以故呢? 因为实施第一步和第二步儿童教育的时候,完全是由母性负担,就是第三步也是脱不了母性的责任,因为自古以来男子受了天性和生计上的支配,不得不终日在外操劳,以赡养八口之家,因此他在家的时间很少,甚至终年累月,寄居客乡,从不回家,所以子女的教育,完全是依靠了母性。但是中国的女子,因受了"无才便是德"的一句话的影响,竟打断了受教育的机会,母性本身既是盲目,那末何以使她教导子女,训育子女呢? 她们处理家政,管理子女唯一的方法,当然只有用她祖传的旧道德,和旧作为来支配她的子女。所以你看中国的家庭,是何等的枯燥乏味,子女是何等的拘束迟钝? 就是其中有受过教育的女性,等到出嫁之后,虽有因家务的麻烦,子女的乳育,把教育两字摆在脑后;但是也有因了自甘堕落,终日流连于酒食赌博之间和混身于交际场中的;更有因了社会上除着学校堪以使她有继续接受教育的可能之外,其他一无可以使她有上进的场所,其势非迫她自限于止境的地步不可。其实人类不论男女老少对于智识道德,应该日有进取,藉以适应今日突飞猛进的文化思潮,和绝端昌明的物质进化;尤其是负着家庭教育责任的母性,岂可以女子的身份而示弱人类,自居于次一等的地位呢? 然而要说到如何增长智识,改进思潮? 当然只有读书,读书不仅限于学校,即随时随地都可以读书,尤其是在家庭之中,明窗净几地手此一卷,比之在学校在图书馆中,不是更闲雅而静致吗?况子女在旁,示以模范,岂非更善!话虽如此,书从何来,贫寒的人家,衣食尚且不接,那有余钱以购买书本呢?要是上图书馆去,又被时间地处种种的限制,很难办到。在这种实在情形之下,我们就不得不想出一种图书流通的方法,以谋解决家庭教育的困难问题。所谓图书流通,就是将图书馆所搜集的书籍,免费借给或通信借予全社会上的任何受职业,和家庭牵制的男女老少去读,使他们足不出户,得以读书。大而研究人类社会的问题和物质的进化,小而研究自身生活上的要素,和教育子女的方针,据此直接可以补偿他求智的缺憾,而间接可以助人类文化的上进,这便是图书流通和家庭教育的密切关系。

至于与学校教育的关系,也得居重要的地位。要是我们对于一个教育家,或是教育的行政者发问,"怎样救中国?"他一定会说:"普及教育。"要是再问他,如何"普及教育?"他一定也会说:"只有多办学校。"对的,这句话并没说错,不过他的眼光太单纯了一点,其实他并没有看到图书馆教育,所给予社会文化的影响,与学生的便利,和学校教育有同等的重要;不但如此,并且有许多地方,还可以超胜学校教育,以济学校教育之穷。这是什么缘故呢?因为世界上,决没有一个万能的教员,他的中西学识的渊博,新旧理智的透彻,足以应付学生无穷的问答,像图书馆一样而能胜任愉快;况且有许多学术上的问题,含

12

有探讨研究的性质,以及不便向教员发问,或者在某时间以内,还有秘密性质的,似乎非独自致力于图书馆以穷究博采不可。既如此说来,那末图书馆教育,和学校教育确实有分不开的关系,所以凡是一个学校,不论它是大学,中学或小学,都应该有一个图书馆的设立。断不能因小学生不会或不需用图书馆,便将它轻视过去。我们要晓得尤其是小学生,格外要使他从小就要养成使用图书馆的良好习惯,倘使他将来能够升学更好,不然他在小学时代已经认识了图书馆,一到了社会上,便会常向地方图书馆去问津,以完成他未竟的志愿,满足他求知的欲望。

但是现在一班长教育行政和办学校教育的人,在他们的脑筋中,翻来覆去的念头,只有"学校教育"四个字,是普及教育的唯一不二法门;所以他们每年教育经费的预算,从不曾注意到图书馆经费;所以学校当局,往往支配学校的经费,只顾到教职员的束修,和校具的设备。至于图书馆的有无,或有图书馆,能否维持,那可以随随便便,就是没有,也不打紧,横直图书馆,不过是教育上的一种点缀品,而且教育当局,也不责成他们,一定要办理图书馆,这般情形,不独市立县立区立小学为然,就是初级中学又何独不是如此。至于其他私立学校,那更不必论了。

现在中国境内的中小学校教育与图书馆教育,截然二途,已昭然若揭,因此凡中小学校毕业的学生,往往出了校门之后，不但把读过的书本，置之高阁，并且从不肯跨进图书馆的门槛，去向它问津，这实在因为他们彼此不曾谋面，或者谋面而还疏淡的缘故。要是他们从小在学校里，已经和图书馆打得火热，那末就是他出了学校，也不至于和图书馆如此疏淡吧！一个处于贫寒阶级的学生，因物质的限制，既不能接受高中和大学教育，又不能多买书本，以图深造，这是何等不幸的事，于理当急起直追，向图书馆克苦缔造；今反不此之图，而自甘堕落，这委系平日缺少图书馆教育所致，这种情形，殊可叹息！可是转过来讲，若要政府一时拿出钱来，在每个中小学校里，都办起一个图书馆来，那也是一定做不到的事体。如此说来在上面唠唠叨叨的，说了一大堆，不是均成废话了吗？不然，不然，在这辰光，却有提倡图书流通的必要，才能解决这个问题。因为流通图书馆的性质和组织，既与普通图书馆不同，便可以将它所搜集的书籍，借给任何人去读，尤其是学校的教员学生；不但如此，并且还要将新的书本，送到他们没有图书馆的学校里去巡回，陈列，借以补足他们不能自设图书馆的缺憾。如此办法，图书流通与学校教育，岂不是发生了很密切的关系吗？虽然学校方面一时不能自办图书馆，因为有这样不费之惠，可以享受，那就不至于像以前那般单调了吧！

第四章　图书流通的种类

图书流通事业,在图书馆事业先进的各国,多由各图书馆自动办理,虽也有由民众要求而办理的,但比较是少数。办理流通的方法,是把自己图书馆所有的图书,抽调一部适合于民众需要与民众程度的(换一句说,就是通俗的常识的图书),选择本区域内的相当场所,如:团体,社会,工场,俱乐部,阅报社,青年会,舟车,公园,茶店,学校,公所,家庭,军营,医院……等处,分别陈列,以供阅览,设立的期限,则长短不一。对于这种流通办法,主要的有下面几种:

一、分馆(或称支馆)

二、流通部(或称配给所)

三、出纳处(或称代办处,分贷所,借书所。)

四、巡回文库

五、家庭文库

六、学级文库

七、流动文库

现在把上面各种组织的情形,分述如后:

一、分馆

由总馆就邻近区域内,人口多的地方,而附近又无图书馆设立者,觅得相当场所,固定设立,派员管理。一切设备及图书报章,由总馆供给,分馆除应付该区域内民众来馆阅览外,亦得再添设各种流通部,代办处或文库以推行于乡间。

二、流通部

在相当地点,设立一图书室,委托某一机关管理,由馆支配一部份图书,约数百册,陈列其中,随时可应各界的需要,借出各种书籍,这就称作流通部。该流通部除陈列几本永久存留书籍外,宜按时更换新书,如经费宽余,最好由馆中派员,或聘请其邻近图书馆的馆员来管理。

三、出纳处

在离总馆较远的地点,人口稠密的区域,可设立出纳处(或称代办处),该出纳处并无图书寄存,只由馆中将全部图书目录陈列该处,各界需要借阅图书时,依照手续,请管理员通知馆中,馆中即将图书检出,约期派员专送,或由邮递寄至出纳处,转送与借书人。出纳处管理员,只负收发及归还之责,馆中得视该地读书的风气,而定相当日期的收发。至于出借手续,可与总馆同样办理,馆中陆续购置编目的新书,出纳处亦随时布告,使民众不必亲自到馆,而得于最短时间,有新书可以借阅。

四、巡回文库

巡回文库是图书分配机关的一种,创始于英国,其后美国加以改良,设置甚多,其功效之伟大已为世人所公认。办理巡回文库者,可预先酌定几处陈列地点,由总馆提出一定书籍册数,(通例为百册左右,亦可视情形而增减)装在一定的箱内,固定安置陈列地点,阅览人自就该地阅览。书籍则可以布纸包扎运送,于隔相当时期后,在指定地点轮流陈列。此项办法,以分别实行于图书馆所在地之各乡村为最宜。

五、家庭文库

家庭文库,大都设立于家庭中,分送图书二三十册,都是经过慎密选定的。这些图书,如为儿童用的,应寄放在有儿童的家庭中,供十五至二十个儿童的轮流阅览。不过设置这种文库,最可惜的是将图书送到一个无人指导的家庭里,如遇这种情形,一定要派人去调查,并可借以随时指导这些儿童用书的方法,和引起他们的兴趣。图书的出纳,可以推举一人管理之,如为成人用者,亦可代选相当图书与儿童图书混合陈列,或托人管理。

六、学级文库

在小学校里,也可有流通部的形式而设立学级文库。图书馆可以应小学校的请求,配送儿童用的书籍,学校就以这些书籍,分配于各级,编成学级文库。大部份的图书儿童得带回家中阅览,各级教员负监督和指导的责任,尤其应奖励儿童随时阅读与教科书有关系的图书,以匡教科书之所不逮。按学级文库亦不限于小学校,即中学亦可行之;而图书馆之备有"万有文库"等书籍者,更可分组轮流陈列于各中学。但一县市内若仅有学校一所,则不必行使此项办法。

其他如军人住在营中,既无图书可看,又不能任意到图书馆阅览,于是亦可有军营文库之设立,在图书馆事业发达的国家,即在战场的后方,亦有图书的供给,可见一斑。如犯人不能自由出入监狱,于是有监狱文库的设立。此外如医院,工厂均可视其需要,选配相当图书,设立各种文库。

七、流动文库

我国各处乡村,地面辽阔,而人民住所,又极散漫,既难于设立一固定阅书处,而住民又多羁于日常事务,复不能到城市图书馆去,这样,乡间的住民就感觉要看书而无书看的痛苦。那末流动文库,就要在这种情形之下适应这一般人的需要,来履行他的任务。所谓流动文库,乃图书馆用书车或书箱之类,装载图书,按时运送,使大街小巷,穷乡僻壤的住民,也得享看书的幸福,使他们能利用他们剩余闲暇光阴,随时能有看书的机会。这种文库,以其在指定的地域内,按时流动,故名流动文库。

总之上述各种图书流通的种种设施,全视一图书馆的人力财力,及地方情形而举办之。贵在切实有效,不必一一举行,徒致有形式而无实际。

第五章　图书流通的用具

　　流通图书的装书用具,每因固定与流动的不同;图书多少的不同;陈列地点的不同,而用具的形式,材料,大小,以及运送的方法,因之而异。现在所通用的,大概有后列各种:一、汽车　二、书车　三、书橱　四、书箱　五、书架。

　　一、汽车

　　用汽车装书而流通于各处的,是适于都市之用。因为在大都市中,有完善的道路,得以畅行无碍,随处有完备的车场,可以停留,比较是方便的。实行汽车流通图书办法,可将车内装置书架,配置坐位,而由司机人兼管出纳的责任;每日照规定时间开抵指定的场所,以供民众阅览。这种流通方法效力甚大,但所费较多。据美国纽约市立公共图馆的报告,该馆于一九二八年,置一辆福特式载重一吨半的汽车,特置车身,共价一四一八金元,能载图书六百余种,车身左右两列,分置成人及儿童书籍,并附载能折叠的书桌及其他用具,由推广部管理,按时巡行于市内各处,出借图书,极受欢迎。每于车到时,等候阅者很多,尤其是儿童最为踊跃。其出借规则,悉照馆内所订的手续相同,年终统计,凡借出六二四七四册云。此种设备,在经济充裕的图书馆,大可采用。

二、书车

书车可以装载通俗图书一二百册,按日派定识字工人,推送市内指定的地段,或借或阅,收效亦大;尤其巡行于公园等热闹场所,阅览人数,是特别增多。书车的种类与形式不一,寻常所通用者,约分下述数种:

1 转动书车——宜推行于完善而平坦的道路,如石铺街道,则铁轮摩擦之声甚大,不甚妥当;用小石子及泥土铺成之路,高低不平,难以推行,亦不合宜。转动书车的车身约高七尺,分为二层,下层为书橱,上层以薄板分成五格为书架。每板前后各分为三层,装订横槛,使书籍直立其上,并用带缚住之。书架顶上盖以五角形之平板,中心为一圆柱,直贯于橱内的槽中,使书架可以旋转。为旋转灵活起见,书架的下部,复可用一圆环(用木制)以衬托之。至于橱的构造,则为方形,左右辟橱门二,以出纳书籍于其中,橱顶开一圆孔,橱底中心为槽,以承受贯通于书架的圆柱。至橱中空隙部份,即用以庋藏图书,以备陈列图书借出后的补充。橱的前方盖板之处,可利用以书写招牌式的宣传文字,(如"某某图书馆流动书库"等字样,及写吸引阅览的标语)引人注意,后方二旁则装以铁

20

柄,形如门,以作推进车身之用。书车之底装置铁轮四个于铁轴上。此项顶上四周可装横额,亦可书写文字,全具工料,约计二十元。

2 斜面书车——宜推行于平坦的道路,全部除铁轮外,概以木制,高约七呎,长约四呎,阔约二呎,上层为二木板制成,上端装置铁钩,互相依靠,各成倾斜面,分格以陈列图书,两板接合处的顶上,可插入一薄板,以为书写文字之用。板之下端,则可藏纳多量的图书,其两旁斜装木竿,以作推进车身之用,全具工料,约计十六元。

3 独轮书车——我国乡村道路狭小,运送货物常用独轮羊角车之类,此类小车的骨干,即可利用他以作书车之用。仅于前面加宽使与后面相等,又两足稍加高度,俾停止后能够平正即可,其余形式,都可相同,更就小车上面和两旁加以装配,俾便安置书籍等件。此车如装配得宜,并可安置留声机,揭示牌,乐器,文具,等项,兼为实施民众教育各项的用途。车骨干约十一元,外装约七元,油漆约二元,合计每具约二十元。

三、书橱

书橱为固定陈列流通图书之用,以藏书不多,其制造宜巧小玲珑。普通用者,高而且大,多不适用,故宜特制。大小尺寸,须视陈列的地位而定。书橱用法有悬挂和平放之别。用于轮船火车,宜先测定安置地位,预计图书数量,量就尺寸,设计制造。用于茶店工厂等处者,制法甚

多,但是普通所常见的,不外下面两种:

1 桌上书橱——我国茶店及工厂等处,常用八仙方桌,如安放书橱其上,高度最为相宜,故书橱的长度,可与桌的阔度相等。藏书在一二百册的,橱中若分为二层,足敷容纳,全部除玻璃门外,以木料制成,高七公寸六公分,长九公寸,阔三公寸,玻璃门的装置,以用推纳法为当。即向上开启举至九十度时,可以推入橱中,门之下端应设锁孔,关闭时可以加锁,橱下层的左方或右方,复可装置小抽屉二只,为放置铅笔及阅览券等之用,全具工料,约计七元。

2 壁橱——陈列图书,不能占用桌面时,可用壁橱,制法以木板四边加框,制成二个长盘形式,各高十二公寸,阔五公寸四公分,中间分成数格,距离不一,俾得陈列高低不同的图书,如欲横档上下移动,使距离得有伸缩可能,则可在框上预开缺口数个,以资应用。每格中再钉一狭带,以免图书向外跌出。二盘的中间,钉以铰链,平时可开启陈列,夜间可合拢关闭。上方各装铁环,可以悬挂,全具约计工料二元。

四、书箱

关于书箱的制造,普通适用的是:高二公寸五公分,阔四公寸,长六公寸。这样的阔度,每一方面可直置书一百多本,每一只书箱的两面就有二百多本,每一担两头,就有四百多本了。书箱的前后两面,都可以开门,其深度是准备在正面已都排满了书本的时候，再向背面陈列的；其高度，可以容纳二十开本的直置，前后面相互之间，全没有什么阻隔，再大一点本子，也尽可书脊向上，而侧卧下来。在要打开书箱的时候而把前后两面的板门向上一抽，板门的顶面，互相倚靠，靠成一个双面倾斜的架子，原来侧卧在书箱里的本子，就可以站到架子上，供众阅览。要使得箱门在箱顶搁得平稳而妥帖，箱顶的边框可突出二公分，箱顶正背两面，边框的内缘，和箱顶陷落下去的平面的内缘，凑成约一百四十度的钝角。在书箱的顶面和"门楣"的顶边，各钉一个螺丝圈，预备管理员在休息的时候，可以加锁。螺丝之所以不装正面，而要直到顶头，为使板门开关的时候，不使"门楣"去感受螺丝圈的障碍。箱门上可以书写文字来做"招牌，"（如某某图书馆流动书箱等字样）管理员把书箱卸肩时，书箱是搁在架子上的，所以这些箱架的构造，应力求简单。箱架的腰部，要有关键，以免顶边分离之故。书箱和书架的材料，最好用杉木的，价格可以便宜些；此外还有要备一只写生用的三角凳，以做管理员的坐具。这种书箱的重量大约连图书约二十公斤左右，所以携带当不至感到若何困难。

　　如果每一次出发，书本不满装两箱，那就可以单肩了一只箱子出发，万一图书陆续借出得太多了，就可把书箱的背面紧靠着墙壁，单开敞着正面。此项书箱同时也可收藏铅笔，借书券，纪录簿等，以为出发后之用。箱架的

高低,可用束缚的绳索伸缩来做标准,以适应儿童与成人的身段高低。全副书箱书架的价值是:

　1 书箱

杉木	每箱	二．一〇元	每副	四．二〇元
五号螺丝圈	每箱	〇．一四元	每副	〇．二八元
黑漆白漆	每箱	一．二〇元	每副	二．四〇元
人工	每箱	一．五六元	每副	三．一二元
	每箱	共计五元	每副	共计十元

　2 书架

真杉木	每架	〇．四〇元	每副	〇．八〇元
黑漆	每架	〇．三一元	每副	〇．六二元
人工	每架	〇．二九元	每副	〇．五八元
	每架	共计一元	每副	共计二元

　　此外尚有肩背的书箱,可容图书百册,制作简单,亦其合宜,图说如后:

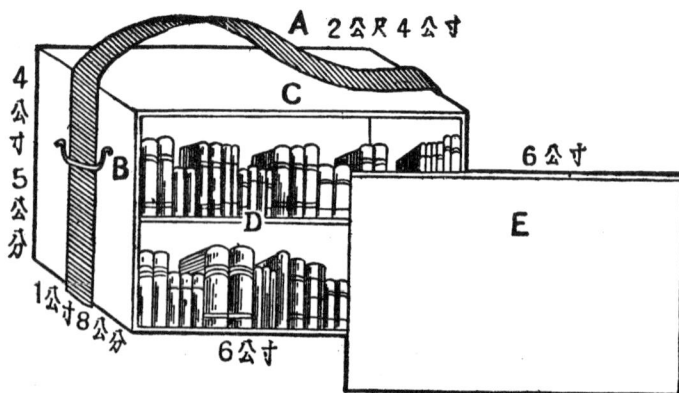

A	皮带	＄1.80	B	铜环	＄0.60
C	箱子	＄3.50（银杏）	D	夹板	
E	库门	（由上关下）		箱重4.5公斤	

装书　一百册全体约重量16公斤

库门如装铰链向上反开再在反面书写文字,则更妥善。

五、书架

书架也是一种流动的用具,用木框制成,木框材料可用洋松,如果用杉木,分量还可以轻些。整个书架的形式,是由四个小架子联缀,因为联缀四个架子的是抽心铰链,所以这书架要拆要拼,都很便利。每个架子的高九公寸,阔四公寸二公分,厚二公分,书架边框深约二公分,阔二公分三公厘。为要使书架分格的横档,可以上下活动,以适应书本的大小,书架左柱和右柱靠里一边,就可开着若干缺口,使横档的两端可以从缺口里嵌进和抽出。柱子上每两缺口的距离约三公分五公厘已足,书架的上下左右背面都包着白铁。为要使捆缚书架的绳索不易滑脱,每一小架的边框,再各钉上二个螺丝圈。至于为免避书本向外跌出起见,可以在柱子的两个缺口之间钉着粗的绳去拦着。依照上述制作,书架的全重量只有八公斤,满装了图书,也不过二十公斤。这种书架,既可提,又可肩,可挎,携带非常便利。书架的容量,也富弹性,书少时候,可以排疏朗一点,书多时,可以挤拢一点,又因为横档是可以上下活动的,于书本大小是毫无影响的。如其把四个缺口隔成一档,可以容纳三十二开本以下的本子;五个缺口隔成一档,可以容纳二十四开本以下的书籍;六个缺口隔成一档,十六开以下的本子,全可以容纳。如果书架陈列之处,有墙壁之类,就可以把书架单面斜靠;如果环境是无可凭藉,如空场之类,那末就可以把小架子背对着背去相互依靠;如果读众是成人,可以把二个小架从纵面直叠起来;读众是儿童,那就把直叠的二个小架,还原到每一个小架独立。书本如果容许借出,而怕带着的书本不够应付,那末,一个办法是借出期限,竭力缩短;另一个办法是另备一只如同邮局用的信袋,储备图书,用来接济。这种书架的价格是:

白铁全张	一.七〇元
洋松	一.六四元
银灰漆及黑漆	二.〇〇元
三寸洋铰链	〇.八四元
二号螺丝圈	〇.一六元
人 工	一.六五元
共 计	七元九角

此外尚有以白铁仿照插信的布袋,制成陈列图书的书插,可以悬挂墙壁,固定陈列,也可以手提携,以为流动之用,制作简单,亦甚合宜,全部用白铁制作外涂油漆,每具约价二元。图说如后:

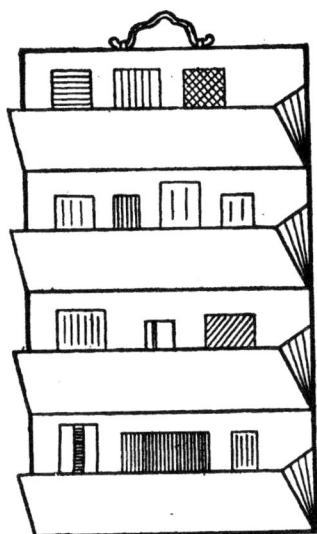

以上所述各种用具,除摩托书车一种,非经济充裕的图书馆不能置办外,其余各种,经费有限,大概县市立图书馆都可以选择置办。尤其是流通书架之类,费用简省,携带便利,颇可制办应用。我们要制造各种流通用具,曾拟定几项标准,现在略举如下,以为从事图书馆事业者的参考:

一、经费要力求节省。

二、材料要力求平凡。

三、构造要力求简易。

四、管理要力求便利。

五、携带要力求轻松。

六、功能要力求扩大。

第六章　到馆借书的办法

（一）关于借书人的手续

民众为因限于地处，窘于经济，迫于时间，不得跑到图书馆去坐阅，或通信去借他所要阅的书，才不辞跋涉，亲自或托人到流通图书馆去借书，藉以补偿他的求智欲。所以图书馆对于这般借书的人应该格外体谅，把借书的限制放宽，手续从简，那才不错；否则，求之太苛，纵不致因噎而废食，但对于兴趣上，终不免有点阻憾吧。流通图书馆对于用任何方法来借书的人，手续竭力求其简单，先给予章程阅看，如经他认为满意，只叫填好了章程后面所附着的保证书，并盖上一个铺保书柬，然后经过馆中派人查实所盖的印章，既非假造，又非窃盖，那就填给他一张借书证，以后便可以凭证永远借书，倘使这借书人，在填保证书的时候，觅不到相当的保证者，那只有缴至少限度的一元保证金，这保证金，在停止借书的时候，得以凭借书证收回，不过所定保证金的数目，虽然只有一二元，而借书人所准借的书，却并不是以一二元价值，为其至高限度,在常借而兼有信用者,即十元以上的书,也得特别地通融借予。

借书人在借书的时候,不必要一定本人亲自到馆,方许将书借予,就是他着人来借,也可以照办,不过藉以为根据的,便是一张借书证,所以借书人不论自借或托人借,借书证不可不带去,检验和登记,否则就是本人,也恕不通融了!

借书人在书目上选定所要阅的书以后。得向馆员索取一张指定的借书单,填写书名(见图表一),连同借书证一

到馆借书单

今向 ○○流通图书馆借到下列图书遵章小心阅看并于限定时间以内归还如有稽延或污损等情愿照章赔偿此致 ○○流通图书馆鉴				（注）借书时务请将书号证号一一填入此单借书人借阅之书至多不得过二周
书　　号	书　　名	册　数	著作人	
借书日期	年	月	日	
返还日期	年	月	日	
借书证第		号借书人		

图表(一)

并交予馆员,馆员检配登记后,就可以将书拿回去读。读时唯一的义务,乃是爱护书本和保守信约二件事。到时阅毕,缴还馆中,并将借书证也交给馆员,请他注销,以后

便照这手续,陆续地借书就是了。

如果借书人有将所借的书遗落,或污毁的时候,就应该将他的原委,报告馆员,并承认照价赔偿和请求补给借书证,这是万不可以规避的,否则,引起纠葛还是要借书人负其责任。

(二)关于馆中办事的手续

(1)保证书的审查 现在人心太坏,虽然以借书阅书这等高尚行为,也竟会有人以卑鄙和欺诈手段出之。听说浙江流通图书馆在过去的七年事业中,所获的教训,对于保证书的审查,不得不由宽大的,变为紧束的,再由紧束的,变为严格的,因为他们在这七年来,从保证书里,居然发觉了好几次,堂堂的中学学生冒刻校印,窃盖会章,来向该馆借阅小说,他们当初以为是校印,会章,而且借书的人又是受过中等教育,一点不疑地填给借书证,不料后来借书的成绩太坏,甚至于一借去便不来还了,因此他们便不得不追保,于是才发觉冒刻校章和窃盖会章的情事,这种事实若出之于浅识的人民,还可原谅,若是出于中学学生,这真可慨叹!从此以后,他们对于新拿来的保证书,不问什么机关,学校,店铺,一概先交由工役实地去查问一次,如系真实,还要工役签名证实,才得填给他借书证,不然有一点可疑,只有叫他重具,他们所以有这样的态度,因为要求书的安全,不得不如此办理。

由经验告诉我们,不是盖了真确印章的保证书,一定能够保障借出去的书,万无一失,譬如某甲在填保证书的时候,果然有某某字号的书柬,为之作保,后经调查,也是无错,但是时越三月,这店忽然停业,保者和被保者都不来知照图书馆,那借出去的书不是发生危险吗?又如校中的学生,中途斥退或毕业,店家的学徒,半路回复或满师,图书馆音息杳然,难保无意外的损失,所以这种保证制度,还要设法改善才好。

根据上述的理由,学生所具校章的保证书,在放寒暑假十天以内定须将借出的书,完全收回。商店所具的保证书,则逢废历,端节,中秋,年节之后,逐一重复调查一过,这绝对是不可缺少的手续。

(2)保证金的收存和登记　在不能取具书柬保证的借书人,我们只有责成他缴纳保证金一二元,不过这一二元聊以作为人格保证,要是定得太高,便容易阻止真真贫民和农工商军的问津,不然,照书值而取押金,双方的手续固然麻烦,平民恐怕还是力不从心;倘使因噎废食,不如恩开一面,况且借书,为的补偿智欲,并非用以解决生计,故存心恶意破坏和侵占的,委实少数中的极少数,所以保证金的金额应定得很低,以便一般平民能够人人轻而易举。这样才不违背流通图书的真义。

馆中既收了借书者保证金,除在书证上表明之外,复登入保证金收支登记簿——见图表二——以便有所稽考和统计。如果这数目大了,还可以移存到国家银行里去,既可得利息,又可保安全,这全在馆员的自己酌量而定了。

保证金收支登记簿

日期	收				入	支				出	余额
	车送证	银数	借书证	银数	共计	车送证	银数	借书证	银数	共计	

图表 (二)

(3)借书证的发给 保证书或保证金的手续办妥以后,便由值事的馆员,填具一张编号的借书证,盖上馆印——见图表三——交给借书人收执,这证在穷困的图书馆,可以向借书的人收取一部份印刷费,如此既可以补充馆的经费,又可以免掉借书人任意的遗失。若是声明补证,不妨多索一点,示以薄惩的意思,但也不能定得太高,致阻碍了他进取的心。

借书证的外面

<table>
<tr><td>

○立○○流通图书馆

第　　　号

借　书　证

借　书　人_____

借书人住址_____

○立○○流通图书馆

年　　月　　日　发

</td><td>

一　不论本地外埠之借书人在借书时务须缴验此证

二　此证不得转借他人否则如有意外损失当责成本人赔偿

三　此证登完以后得以声请另换新证

四　此证如有遗失当函知本馆请补并纳补缴费大洋○角否则如有冒领等事须由本人负责

五　借书单上应填入此证号码方生效力

六　如借书人纳保证金者在提取时当将此证缴还否则恕不应命

</td></tr>
</table>

图表　（三）

借书证的里面

<table>
<tr><td>还日</td><td></td><td></td><td></td><td></td><td></td><td></td></tr>
<tr><td>书号</td><td></td><td></td><td></td><td></td><td></td><td></td></tr>
<tr><td>借日</td><td></td><td></td><td></td><td></td><td></td><td></td></tr>
<tr><td>还日</td><td></td><td></td><td></td><td></td><td></td><td></td></tr>
<tr><td>书号</td><td></td><td></td><td></td><td></td><td></td><td></td></tr>
<tr><td>借日</td><td></td><td></td><td></td><td></td><td></td><td></td></tr>
</table>

<table>
<tr><td>还日</td><td></td><td></td><td></td><td></td><td></td><td></td></tr>
<tr><td>书号</td><td></td><td></td><td></td><td></td><td></td><td></td></tr>
<tr><td>借日</td><td></td><td></td><td></td><td></td><td></td><td></td></tr>
<tr><td>还日</td><td></td><td></td><td></td><td></td><td></td><td></td></tr>
<tr><td>书号</td><td></td><td></td><td></td><td></td><td></td><td></td></tr>
<tr><td>借日</td><td></td><td></td><td></td><td></td><td></td><td></td></tr>
</table>

图表　（三）

（4）借书的分量　流通图书，首重敏活，断不能因某人的稽延，妨碍图书的流通，而影响馆务的进行，虽然流通图书馆应该将流通支配的书，每种预备二份，有的或二份以上，但是出借书量的支配，不得其当，也足以使借书人犯到迁延和积压的弊端，所以流通图书馆的编目员，应当将每部图书考虑一个适当的出借分量，使借书人得以

33

按程序借阅,那才不错,譬如梁任公的《饮冰室全集》,全书四十八册,若一次借予,阅览最快的速率,恐怕非一个月不可,倘若缓一点的人就是个半月,两个月,还不能看完,虽然这书同样有二部,要供给一县一省的民众,未必能周转灵活罢!设使把这书分四次借予,每借十二册,限期十天,那末十天之后他十二册还来,就可另应付一人的索借了,至于借阅小说,那分量上的支配,尤其应该周到些才好,因为小说最容易彼此相互传观,更为发生压积的流弊,所以在五册以上的小说,最好分期借阅,如十七册的《民权素》可以每次借予三册,那他看完三册,急求再看下文,庶能立刻到馆换阅,如此自无压积之虑了。

（5）借书时的手续　馆员接受借书人所递予借书单的时候,应当先看这单写得是否合法,再看他借书证上,上次借去的书曾否还来,如未还,可以拒绝续借,已还,便向书库里找出他所要借的书,再检出里边夹着的一张出纳卡——见图表四——记上借者的证号和借书日期,便连同借书单纳之于逐日借书柜中,这些手续完毕,再把借日和书号,录之于借书证上,然后再得将书付予借书人。

图 书 出 纳 卡

总 号		类 号	
书 名		著 作 人	
出版处		价 值	

证 号	借 日	还 日	证 号	借 日	还 日	证 号	借 日	还 日

图表 （四）

（6）还书手续　借书人还来的书，务须先将书内容，大略检阅一过，书中有无裁剪，圈点，和涂写的情形，如有，当立刻拒绝收受，责成赔偿，否则，如果没有这样情形，便将他的借书证收销，然后在逐日借书单柜内，取出他的借书单和出纳卡来，核对无讹，就把借书单作废，出纳卡签销，夹入书里，随即归档以了手续。

（7）逾期的催索　书本借出馆外，只有极少数的忠实份子，能够保守信约，将书如期还来，其余大多数的，总欢喜延期，非一催再催不可，其中尤以借小说的，更容易犯到这种毛病，推其原因，并不是我们将阅书的时日，定得太促，也不是审订章程时候的疏忽，乃是我们中华民族，发挥个性自由，不讲公众利益的特点，这种不良的习惯，依浙江流通图书馆七年来的统计，发挥最利害的要算智识份子，尤其是正在受教育的中小学学生为更甚，还是一般商人工人，倒少有这种现象，这大概由于他们不懂得个性自由的结果吧！

借书的逾期，不论在书量多寡的图书馆，都是认为一种不景气的怪象，能够设法防制和阻止它，当然应该竭尽其力而为之，所以流通图书馆的馆员，除日常工作之外，还当将几日以前的借书单，时时翻检一下，如有逾限的单据，务须立刻提出填发第一次催书单——见图表五——等过三天，仍不来还自第四天起每日科以每册若干铜元的罚金，如此再等五天，再不来还，则发第二次催书单去，又越二日，还是杳无音信，那只有照单上所定的办法执行了——见图表六。

第一次催书通知单

先生：

　　阁下前向本馆借去之书，原约　　　月　　　日归还，现在早已过期，务希随即检掷，若欲续借，或有错误；亦请即日来馆声明！否则自此单递到后三日，

　　阁下仍不将原书归还，又不来馆声明，则以后逾限日数，每日每册罚铜元〇枚，此为公众利益计，乃系不得已之举也，再者，还书时，此单亦应一并缴来。

书号	书名	册数	著作人	借书日期

　　　　　　　　　　　　〇立〇〇流通图书馆图书借贷部启

　　　　　　　　　　　年　　　　月　　　　日

图表（五）

第二次催书通知单

先生：

　　你借去的书，　　　　　共　　　本原约定　　月　　日寄还，早已过期，且经本馆于　　　　月　　日催还在案，今又相隔多日，杳然无覆，殊为怅望！今特郑重声明作第二次通知，务希即日将书寄还，如再延搁，当照本馆章程，除将保证金赔补外，并取消其借书权利。向保证人

　　　　　　　　　　　　〇立〇〇流通图书馆图书借贷部启

　　　　　　　　　　　年　　　　月　　　　日

图表（六）

（8）借阅小说的限制　开办一个图书馆，不问它是公立私立，流通不流通，其唯一的目的，是在辅助教育，给予民众有读书上进的机会，目的虽然如此，但事实却不尽然，倘使教育视察员走遍了各地的图书馆——除去学校图书馆——他一定能够表示出失望的态度来，说一声"近年图书馆阅书借书的人，果然年有增加，可是所阅所借的书，却以小说为独多，"这种种瓜得豆的结果，委实使办图书馆的人，太失望了！虽然我们不能说，小说——指为的小说讲——是不屑阅，不足阅，只可以偶尔拿来排排遣，解解闷，读久了正书，调调味，苏苏脑，那倒可以，要是视同正书，整日沉迷在小说里，总不是道理吧！记得编者在幼年的时候，曾被小说的魔迷住了，无端地荒废了好几年光阴，到如今觉悟着，已经是追悔不及了，所以我常现身说法，苦口婆心地劝告青年的借书人和学生，叫他们多读正经书少看小说，但是统计的结果，每日借书人中还有十分之七的人都抢着看小说，并且其中有十分之四是穷年累月，专以借小说为唯一的目的，要是偶然借不到，便会唉声叹气，口出怨言，因此把馆员，忙得不亦乐乎，只是时时刻刻对着几架小说团团转牵磨，这种办教育的情形，实在太可悲了。

至于我们为什么要搜集小说以白累累人？这样疑问，使我们不得不词费地将他解答一下。

第一原因——因为我们常向人募书，募书最慷慨施予的,只有小说,赠者既诚心乐助,我们却不便拒绝,既不拒绝,当然只有接受,审查,编目以供众览,不然,不给它编目众览,非但赠者不快活,募者还要受干没的嫌疑。

第二原因——中国大般民众没有读书的观念和兴趣,所以办教育的人想出个方法来,——除掉宣传之外——引起他的关念,引起他的兴趣,这也是切要之图,况且民众不认识,不会利用图书馆,那尤其是我们的眼热,故而有人送几本小说来,我们正可以藉此作为钩引这读书没有味的人,拨开他们的胃口,使之登堂入室,渐知读书的紧要,这也是我们的苦衷!

第三原因——我们要解除上了年纪的老者底烦恼,和日守在家的妇女底窘闷,以及人们在消寒渡暑时的无聊,那不得不备几本小说,使他们从图书馆得到一点解救的实惠。

第四原因——在善意方面讲,人生空了,要是嫖赌不如坐茶店喝老酒,坐茶店喝老酒不如清逛街头,清逛街头不如坐阅小说,因为小说——除出诲淫诲盗的书外——不长于文艺,总深于世故经验或揭恶扬善,多少总比逛街头,喝老酒,坐茶店,好得多,只恐怕堕落的民众连小说都无心看,日之营营,惟茶酒自娱,夜之扰扰,惟嫖赌自求,那正太糟糕了。

依上面的理由,我们才有收容小说的可能,却不道竟因此使我们感到工作的困难,为此迫不得已,我们要有一种寓禁于征的办法,所以浙江流通图书馆自十七年度起凡借小说的人,每借小说一册须征铜元二枚(让借者自动地丢进挂在馆之大门前的木箱里,等到月底,请二个借书人来监视共同打开,计算有多少钱,便去添购他们所声请添置的书)以示限制,这方法行之四年,依然无效,借不到小说看的恐慌,依然像闹水灾一样,并且木箱子里铜元,一天少一天,日久玩生,这是中国人的天性,他们也没有办法,所以从念一年度起,改为凡专借小说者,每年须纳费一元,否则即予拒绝,要是将神圣教育事业的流通图书馆,成为变相的小说流通社,不如寓禁于征,以杜其流弊来得好点。

(9)晒书时的停借　全部流通的书与不流通的书,每年至少须在夏季三伏的时候,给他晒整一下,借以防腐蚀,和霉蒸,且猛烈阳光的暴露,足以代表强有力的消毒,为保全书的妥善计,不得不如此,在这辰光其势只有将全省借书的事务,完全暂停,并且在事前十天,就须将络续借出的书逐渐收回,那才容易措手。

第七章　通信借书的办法

　　到馆借书,是五里十里地界以内的民众,所特享有的权利,要是再远一点,便要受到时间上和体力上的限制,享不到这种特殊的利益,那末只有通信借书的办法,来济其穷了。这办法在借书人方面的手续,和到馆借书的手续,大同而小异,其所差的,不过通信借书,须预缴五角以上,一元以下的寄书邮费而已,这层可略而不论,现在单说通信借书,在馆方应取的手续。

　　(1)借书保证的考虑　　通信借书人的保证,并非只限于现金一项,对于商号铺保,也是一样的有效,但是这种保证,是否着实,则完全重在实地的调查,假设保证者距馆很远,调查困难。若不调查,又难保没有伪刻印章,和瞎造店铺的事情发生。那么,有什么方法可以免去这种的弊端呢? 以前上海通信图书馆,采取无保证制的借书办法,我却不敢表示同情,铺保的困难,既然如此,难道我们对于通信借书的人统统改为现金保证吗? 这种办法虽较铺保为妥,可是困于经济,限于物力的人,不见得能够做到。若是因噎废食，不如两道俱行，较为适当。要是不幸发生了欺骗的情事，那只有算是人力难施，认为馆中的晦气了！

根据以上所述的结果，对于外埠通信借书的人，最好是由老借书的人负责介绍，比较来得稳当些。凡是没有借过书的人，要想借书，必须先觅得老借书人的介函，持此函向图书馆内借他所要借的书，而图书馆的办事人员，只须根据这个介绍人的函件，将书借出，如有意外的事情发生，当由这个介绍人负完全责任。但是当书借出的时候，应将介函夹在借去的书里，使他担当这个责任。这老借书的人，已经得到图书馆的利益，谅来这种保证的义务定是不可推辞的。

（2）借书邮费的登记　通信借书人所缴存的寄书邮费，为便利计算和查考起见，最好每一借书人给他分别列一个细账户头，将收入支出一一详细纪录，如查得借书人邮费将须用罄，就可以事先去通知补寄，这是断乎不可少的手续，记账的单式列下（图表七）：

第　　　　号借书证　　　　先生

日期	项目	收入		支出		余额		日期	项目	收入		支出		余额	

图表 （七）

(1)

今向
○○流通图书馆借阅下列图书遵章小心阅看并于限定时间以内归还 如有遗失破损等情愿照章赔偿此致 ○○流通图书馆通信借书部鉴

书　　号	书　　名	册　　数

借书日期	年	月	日
还书日期	年	月	日

借书第　　　号借书人　　　　　印

注　意	(1)此张单据务请用墨笔填写 (2)第二页发书单亦须详明填实连同第一页一并寄来 (3)书阅毕后用第三页作封面寄来

(2)

书　　本寄

先生　台收

邮票　　　　　○立○○流通图书馆借书部寄

年　　　月　　　日

(3)

书　　册寄
市　县　镇
○立○○流通图书馆借书部　　收

寄

邮票

年　　　月　　　日

此包皮用浆在书包上实贴,外再扎以绳索。

图表　(八)

（3）借书还书的手续　馆中接到通信借书单——见图表八——之后,第一步便应该先查看他的手续是否完备,要是对的,便算事,否则就填一张印就的便条寄去——见图表九——要他照章将手续办妥,然后再将书借予;第二步再查看他的借书证,上次借去的书,可否还来,不然就不能将书借予。同时准备一个便条,把借书证退回;第三步如果借书者的手续完备,便可以照单配书,配就,填写出纳卡及借书证,并登邮费簿,这些手续办好,把书连同借书证,空白借书单,包扎妥当,登录送邮簿,令馆役送邮局盖戳为凭。

通 知 借 书 人 的 便 条

| _____先生： |
| 手书收悉,借阅图书,照章尚差以下各项手续,请照办后,方得将书寄奉。 |
| 1. |
| 2. |
| 3. |
| 4. |
| 5. |
| 6. |
| ○立○○流通图书馆通信借书部启 |
| 年　　　月　　　日 |

图表 （九）

还来时,先翻阅上次的借书单和出纳卡,查对无讹,再注销借书证,如果这借书人还要续借他书,就赓续发配,不然,便将借书证,附同借书单退还,以便他下次再借。

（4）借书日期的规定　通信借书的阅期和到馆借书的阅期，原没两样，但是通信借书除阅期之外，还当加上往返邮程的日期，所以流通图书馆在他的流通范围内，应当具备一个邮程表，上面罗列由某地到某地，到某地，到某地……邮程上往返的日子，若有某处的人要借书，便拿这表一看，查出往返邮程日数，再加上指定的阅书期，才能定出他的还书期，再根据这日期，得以知道借书人是否守约。这是办理通信借书应有的手续，不可不注意的。

（5）邮程的顾虑　在时势不靖，灾害并至的时候，邮程当然要发生阻碍，断不能再照我们调查的日期，稳妥邮递；所以在这时候，为谋书的安全，和书的周转迅速起见，不得不将通信借书，暂时停止，否则无谓的牺牲，谁负其责呢！

第八章　陈列图书的办法

经图书馆所搜罗的书,没一本不该给它活用,倘使有某书搁在架上,常年无人顾问,并且馆员,也不设法使它活用,那我们只能称它是死书。一个图书馆的馆员,终日在书堆里过日子,某书常有人借,某书绝对无人顾问,当然能知之审详,要是精细一点,还能够考究得出某书之所以无人顾问的原因,是书的内容不好,还是失着时效,再不然就是这地方的人,不能用它,或者是不乐用它。因此便把它变成了死书。这种情形,若是经一个馆员在他的工作中发见了,那他便设法把这些书搬到要读而不得读的人的地方去,使他们能因了我们的活用图书,得到了希望要读的书,这种办法,如果支配得好,很可以发展一馆的业务,譬如军用书在一个地方,往往无人问津,设使能给它分别按期陈列到军营里去,他们一定是欢迎而且感激的。其实这事,在图书馆方面,一点不费什么,不过一举手之劳,这又何乐而不为呢?

浙江流通图书馆历年所搜集的儿童书,多至六百余册,当初本想辟一个儿童阅览室,后来因为馆舍太小,事实上做不到,便把这些书,以三十册为一组,分别陈列在杭市的十三个小学,和两个贫儿院里,按月将书更换一下,照这样办法,行之二年,成绩倒还不差,等到第三年上,因了他们人手太少,便将这项的设施停顿下来,很觉可惜。现在且将陈列图书应有的手续,述之于下:

(1)陈列图书以先的调查　陈列图书一事,在图书馆教育不曾普及之先,尤其有急切提倡,尽力发展的必要,断不应该再把地处来制限自己的作为,譬如南京全市,或江苏全省,其中不论他哪一县,哪一镇,哪一地的公团,机关,和学校,要是他自己没有力量可以设置图书馆,那末我们除掉答应他们通信借书之外,还当供给他们的需要,替他们办起图书陈列部来,那才适合流通图书的宗旨。譬如浙江流通图书馆在开始实行这部工作之前,必须先着手调查在杭州市里,究竟有多少公团学校,有设立图书馆的必要,而无力举办的,一一调查清楚,列起一个统计表来,然后按照这表,发信给他们,信中说明设立图书馆的必要,并且征询他们对于该馆拿书去陈列的意见,要是他们能认为满意,那就该填好该馆所随信附去的一张陈列图书规约,并盖一钤记,退寄原馆,然后便依据规约,开始实行陈列了。

(2)陈列处的布置　图书陈列处,一经商定之后,便要责成他支配出一间可以放书和阅书的房间,并且约略地将它布置一下,使成为阅书室的模样,然后须按照他需要的情形,给他一座开架式的书架,供其陈列图书之用,这架用木做,或布做,或活动式,那却要随时论事了。

（3）陈列图书的出借　陈列图书的安全问题,既然托之于各该陈列的机关,团体或学校中人负责;那末,陈列的书籍,是否可以准予借出到指定的阅书室以外去读,这事须由负责人自行审察订定。如果因特殊情形,可以准许阅书人将书借回家去阅,那我们还当供给他们一种借书单,以便随时应用,但是到指定交换的时候,务须要将书本收集齐全,如有催索等事,也当由陈列处一手经办。

（4）陈列图书阅览统计　我们要知道在某处所设的陈列处是否适宜? 阅览人数,书数,是否增加抑减少? 那末逐日的统计是断乎不能少的,这项统计的编制也须由陈列处的负责人办理,其统计表式样,如下:

陈列图书处每日阅书人数书数统计表

年月 \ 陈列处所 \ 人数书数 \ 陈列书号日期	一日		二日		三日		四日		五日		六日		七日		八日	
	人	书	人	书	人	书	人	书	人	书	人	书	人	书	人	书
一月																
二月																
三月																
四月																
五月																
六月																
七月																
八月																

图表（十）

（5）陈列处的调查　　我们为要求陈列处的安全妥善和发展起见,除了上述的统计,以为标准之外,每个月中,还须派一个人到各陈列处去实地调查一下,俾馆员得以见到实际情形,如有指导和纠正的地方,也可以当场实施,至于调查应注意的各点,请见下列图表:

陈列图书情形调查报告表

民国　　　年　　　月份

调查员＿＿＿＿＿＿＿＿

项目名称	图书负责人名	图书陈列处所	阅览地点	上次发出书数	本次收回书数	缺少何书	书借出否	阅览统计		书有损否	有何指导意见	本次陈列书数
								人数	书数			

图表(十一)

（6）陈列所撤消　　陈列处除自设图书馆,或自请停止陈列之外,能经我们调查认为满意的,当然有继续陈列的必要;不然如果负责无人,或是书的破坏太甚,虽屡经警告,亦属无效,那只有撤消陈列了。

第九章　巡回图书的办法

巡回图书的种类大别可分为二；一种是巡回文库，是按照指定的巡回处所的性质，将各别应行巡回的书本，装以木箱，交人送去，或由火车轮船载去，到了巡回的地点，才把书陈列众览，其时间或一月或二月，在事前早已预为支配定当，到了日子，再把书搜齐装好寄回，另换他书，这是巡回文库的办法；一种是巡回书车，是用一辆开架式的车子，将合宜民众的书本，一一陈列在车上，然后把书沿街推行，一到了热闹的场所，便将车停下，让群众自由披阅，等到群众散去，再把书车推到别的场所，同样的把车停下，使另一批人去看，宛如卖鸡蛋饼的，见人便兜，不过他的目的在赚钱，巡回书车的目的，在利用民众剩余和闲散的光阴，使他们随时随地都能接受图书馆的利益，不像巡回文库，要到一定的场所，才得享受这项利益，这便是书车和书库的不同点，也可说是巡回图书的旨趣。

巡回图书的意义，上面已经说得明白，现在再将它的办法分别说明如后：

（1）巡回图书的罗致　搜罗图书是一桩很容易的事，但是搜罗后要能使用，那就很困难了，何况是用来支配巡回的图书，这不屑说，自然是更难乎其难，因为图书之适合于巡回的，你至少要具备下列几个条件，方能合用：

1 所用以供巡回的书，是否适合一般民众的需要？

2 这书是否适合潮流？

3 这书是否有美术色彩的封面，能引人注意？

4 这书是否在最短时间中，能阅毕？

5 这书是否价值太高，会被人偷窃？

6 这书的文字是否浅鲜而通俗？

7 这书是否太大，容易侵占了他书的位置？

8 这书装订是否牢固，纸张是否坚结？

按照上述八个条件，所精选的书，再加上些一般民众所能看，所乐看的杂志月刊几种——如《家庭杂志》，《教育杂志》，《时事月报》，《女子月刊》，《东方杂志》，《文华》，《玲珑》等杂志便组成巡回的书库。

（2）巡回图书的支配　选出巡回的图书，把它按照数量分配成组，每旬或每半月交替巡行一次，否则日子太久，便会使人生厌，望而却步，失却巡回的功能。所以巡回图书按期更换，是馆员应该切记的事。设使因书量不敷分配，那末下列各书，也可以应时活用，比之东拉西凑，总好得一些。

1 如当夏季，可以选些关于夏令应用的医药和卫生书。

2 春季可以选些运动及旅行一类的书。

3 如当国语宣传周,国耻纪念周,植树纪念周,革命纪念日,都可以拿些应时的书去巡回。

4 就是过时的《红玫瑰》,《礼拜六》,《快活》,等旧书,也足以使人引起阅读的兴趣,从而问津。

(3)巡回图书的出借　巡回车所到的地方,如有人要向车上借阅巡回的书,或托车役代向图书馆,另借其他的书,都可以照办,不过手续上两者略有不同,前者是偶然的,或一次的,可是因为巡回车上的书价值不高,所以只叫借书人能够填具借书单——见图表十二——缴存保证金(须由车夫出具收据——见图表十三——)便可以将书借予;后者如声请人的住址在脚踏车送书的地界以内,则可拒绝他的声请,不然,他的住址只有巡回车所必经,或者能约会于巡回车驻在的地点借阅,而且他的借书,不是一次的,那末可以许他有这种的便利。其借书的手续先填具保证书,经车夫查实无讹,盖印证明,然后发给借书证,以后便凭证向车夫借书,车夫收了他的书证和书单,到馆请馆员照配,在下次出车的时候,便将书带去给他,换回上次所借去的书,如此循环借阅,以补救车送图书的不足,但是车夫因此责任较重,手续较繁,且又省去了借书人,往返寄书的邮费,所以借书人每借书一次,应该给予手续费若干,以免车夫因怕麻烦而推却或拒绝。并且也可以激发他的宣传和推广。这样办法在借书人方面，每借书一次仅纳些微的手续费，当然感觉不到什么困难。

巡回车借书单

书　　号	书　　名	册　数	著作人

今向

某某图书馆巡回借书部借到下列图书遵章小心阅看并于限定之时日归还如有稽延或破损等情愿将所纳保证金抵偿此致

某某图书馆巡回借书部鉴

书　　号	书　　名	册　数	著作人
缴存保证金	元　　　角	分正	
借书日期	年　　　月	日	
还书日期	年　　　月	日	
借书人	住址		

图表（十二）

巡回车借书保证金收据

今收到借书人

君缴存第　　　号

书之代价洋　　元　　角　　分正如到　　　月　　　日

所借书不能缴还或缴还发觉损坏圈点裁剪等事则以所缴代价抵充

某某图书馆巡回车借书部启

年　　　月　　　日

图表（十三）

（4）巡回图书阅览统计 要晓得某种人最欢迎巡回车？某种书是最适合阅者的胃口？某时期阅书人大增？某地点阅书人最相宜？那末只有责成出车的车役，逐日的将出车的情形，详细登记录在印就的纪录簿上——见图表十四——每晚公毕回馆，把簿子呈上馆员考核，并转录于馆务日记，以为统计的材料和改进的张本。

<u>巡回图书阅览纪录簿</u>

年　　月　　日

驻车地点	人数	阅书人姓名	性别	年龄	职业	所阅何书
	1		男，女	幼，壮，老	农，工，商，学，军，政，其他	
	2		男，女	幼，壮，老	农，工，商，学，军，政，其他	
	3		男，女	幼，壮，老	农，工，商，学，军，政，其他	
	4		男，女	幼，壮，老	农，工，商，学，军，政，其他	
	5		男，女	幼，壮，老	农，工，商，学，军，政，其他	
	6		男，女	幼，壮，老	农，工，商，学，军，政，其他	
	7		男，女	幼，壮，老	农，工，商，学，军，政，其他	
	8		男，女	幼，壮，老	农，工，商，学，军，政，其他	
	9		男，女	幼，壮，老	农，工，商，学，军，政，其他	
	10		男，女	幼，壮，老	农，工，商，学，军，政，其他	

图表　（十四）

（5）巡回图书事业的改进 虽然城市民众，读书的地方和机会，比较乡间来得多，但因受恶劣环境的薰陶，和不正当的娱乐的侵袭，常容易把他们上进的观念，和读书的兴味，逐渐由浓而淡而消灭，若是巡回书车天天只是在某处指定的地点移动，不但不足以引人入胜，反可以使人发生厌倦,而效力日趋低微,所以办理这桩事业的人,最好时常亲自随车出巡,审察民众的意向,考求民众的心理,将这桩事业逐渐改进,切不可拘泥不化,一成不变,如能将车由城市推行到四郊,再由四郊推行到四乡,使偏枯的乡间,没读书机会的乡民也可以得点读书的幸福,沾沐着图书馆的利益,这是一桩公益均占的办法,也尽了图书馆的能事,不过要把巡回车推行到乡间去,非得多搜些田间故事,农家杂话,农业智识一类的书不可,这些书在专办农业的学校,和乡村教育的机关,多少可以得到一些。

第十章　车送图书的办法

　　车送图书于流通图书馆事业中,不能认为是必要的业务,其举办与否的标准,乃以图书馆所在地是否繁盛?借书人是否踊跃? 道路是否平坦可以通车? 以及该馆所有图书,是否足以支配? 以为准则。设情势所趋,且能具备上述的四要素,则便有兴办车送图书的必要,否则宁付阙如,以其经费用之于其他的流通工作,较为有益。而况车送图书一事,在馆方的手续备极麻烦,尤其在初创的辰光,更能使人感到困难。要是这困难,能使图书馆获得意想不到的效力和美满的成绩,那还值得;否则盛兴于前,败兴于后,不是被人所耻笑吗? 所以我认为车送图书,不是流通图书馆的重要事业,但也不认为完全没有用处。现在将浙江流通图书馆办理这项事业的手续述之于后:

　　(A)关于借书人的手续

　　凡是住在车送图书,车行所经过地界以内的人民,都有向车免费借阅图书的权利,这样不费而得,不劳而获的实惠,正予人民获得求智上达的极好机会,其有裨于教育的功能,不言可知。我们为要达到这个目的,所以将借书人借书的手续,力求简约,只叫他在借书之先,填写一张盖有铺保,或缴纳若干现金的保证书,就可以换得一张借书证,以后便可以凭证借书,而且借书的时候,既不必亲自驾临,又不必将借书单付邮,纳寄费,只是将该单连同借书证,免费纳入到他们在四处悬挂着的信箱里,他们每日派人去收取一次,翌日早晨,便将要借的书一一按照借者的地址,分别送到他的家里,或店里,厂里,营里;借者收到了书,一面缴还上次所借的书,一面在送书簿上盖一个收到的戳记,如此手续便完成了,可以各在其所,安安闲闲地阅读。

借者借去的书,等到要看完的先一天,就再填好一张新的借书单,连同借书证,重复纳入信箱里,等到该馆收配之后,又打发车役送去,顺便就将上次的借书收回,这样源源不绝地循环借送,只叫借书人肯遵守馆章,便可永远的享受这样的利益。

(B)关于馆内办事的手续

(1)车送路径的指定和变迁　车送图书的范围,可以以馆中车夫的多寡,各区借书人的稀密,以为标准。如该馆开始这项工作的时候,车送范围,仅限于马路所通各地,当时所挂的信箱只有十只。时未及月,在北区要求借书的人很多,因此他们又加了二个信箱,以后各区随时都有这样声请,他们便酌量情形,审度缓急,分别增加,或移

58

置。到二十年度终了的辰光,全市已经增设信箱到二十只之多,而且地段也扩大了许多。廿一年度增加预算,可以添雇车役一人,所以自廿一年九月一日起,可以把隔日车送,改为逐日车送了。

（2）借书的配发　车役一经将各区信箱,所搜出的借书单按照路径的顺序排好交到馆中,随即由馆员照单检配,配好,将书号,借日及证号,分别填注于借书证及出纳卡上,再按证上所记,在借书单柜里,抽出他上次的借书单,登好送书簿——见图表十五——然后交给车夫挨次送去,送毕回来,将簿呈交馆员,检核借书人是否逐一盖章？盖章有无错误？上次借书可否还来？凡此诸端,如果一一不差,便在送书簿上签押,以了手续。否则还是要责成车役处理。

日期	证号	姓名	地　址	书号	书　名	册数	盖印	还日	签字	签字

图表　（十五）

设使配书的时候,发觉某人所借的书,业已借予他人,则于退证时另附空白借书单,令渠重填改借。如果有时某人所借的书,正在这天可以向另一人处收回,借予某人。则此项转辗交换的手续,完全赖之于车役敏活的态度,因此车夫事前的训练,是断乎不可少的。

（3）车夫送书的手续 车夫按照送书登记簿,将书送交借书人的辰光,应该先请他交还上次所借的书,如能交出,还要将书的内外,仔细看过有无破损,圈点,涂抹,或裁剪等情,如有,当立刻责成赔偿,不然,第二次即拒绝借予,并将他的借书证带回存馆,否则没有这样情形,那末一面便在借书证上签销他上次所借的书,并将第二次要借的书给予,一面还要他在送书簿上,盖一个收到借书的印章,以为凭证。

（4）还书的手续 车夫将收回的书,交到馆里,由负责的馆员检点一过,如查无错误,便在送书簿上及出纳卡上签名收销,将书按号归还架上,如此,车送图书的手续,才算完毕。

至于借书时日的规定,和催书的手续,完全与到馆借书一样,所以此处不再重赘了。

第十一章　代理图书的办法

我们不能认为上面所述的五种流通方法，已经尽了流通图书的能事，这是什么缘故呢？因为那五种办法，各部有各部的长处，各部的效用，但是也有各部的短处；长处固然要力事策进，短处也该竭力避免和改进，庶使业务日臻完善。因此浙江流通图书馆除上述五种流通方法之外，再有代理图书的设施，其用意和目的，无非要使通信借书人，减少借还的手续，和往返寄书的邮费，设能照此办到，借书人获得了绝对的便利，那馆方何辞这点麻烦呢？现在将其办法，述之于后：

（A）关于借书人的手续

凡某地有十个以上的通信借书人，为要求其借书还书时的手续简便，寄费节省起见，都可以按照浙江流通图书馆所订代理图书的章程，有五人以上的署名，声请在该地设置代理处，经该馆核准照办后，从此老借书的人便可将他的借书单连同每次往返邮费五分，一并交付代理处，逐日由他汇集，向该馆总借一次，到日向代理处领阅，阅毕,仍是交给代理处,要他汇寄,以后循环往返,都是如此。至于新加入的借书人,遵章先填具保证书,交由代理处转馆核准之后,便发给借书证一张,从此就得享受这项的权利了。

（B）关于代理人的手续

凡经该馆请为代理人或被借书人互推为代理人的,并不须具什么资格,只叫他在该馆借书已经半年以上,并且历次借书还书,都著有信用那就够了,代理人既肯承认担任这项工作,其唯一的任务就是遵守章程,居间办理该馆与借书人的各项交接行为如:

一、调查新借书人的保证书,并证明他是否适合。

二、收集新借书人的保证金,积至十元即解馆一次。

三、逐日收集借书人的借书单,向馆汇借图书。

四、办理催书及责成赔偿事务。

五、审查还书,汇寄,及续借事务。

根据上述五项则代理人的办事手续与程序,自能略知其梗概,凡新加入的借书人,他所缴保证书如盖商号印章作保的,则此项印章是否属实,是要代理人负责证明,若是收现金保证,那末现金的收受,也要代理人处理,每集到十元就应该报解一次,报解的辰光,还须附一张清单,用备日后的查考和统计,这样初步手续办好,馆中就会将借书证发出来,以后借书人凭证向代理处借书,代理人就先向他征收每次往来寄书邮费五分,然后将他的借书单和别人的借书单,一并收存,另行开具正副张清单——见图表十六——向馆配寄,约定时日再叫借书人来领,看完归来,又代为开具清单——见图表十七——包扎付邮,交还该图书馆。其间如果有发生迁延时日,损坏图书等情事,和那催讨索赔的责任,也是要代理人承担的。

代理处借书清单

借书日期	借书人名	借书证号	所借书名				配发日期	收到日期	还书日期
			书号	主要书名	书号	次要书名			

右书　　　册共贴邮票　　角　分　　厘正发书人

图表(十六)

代理处还书清单

还书日期	借书人名	借书证号	所还图书				借书日期	寄还日期	代理人签字	收到日期	馆员签字
			书号	书名	书号	书名					

右书　　　册计贴邮票　　角　分　　厘正

图表(十七)

(C)关于馆里办事的手续

（1）代理处设置的标准　凡是一个地方,或学校,或商店,或工厂,或机关团体,要是有十个以上的通信借书人,并且这些借书人,都能够有恒心和有信用的借还图书,那末他们对于代理处的设置,不论借阅者声请与否,他们也须要相机进行,俾直接省了借阅者的手续,增加借阅者的兴致;间接还发展了自己的业务,不过这事是否能够办到,那却要看是否有人堪充或肯充代理人为准则,如果有这般热心而兼有图书馆学验的人去办,那自然是最好没有了,否则,只有缓办,因为这项事业的设施,当以不影响馆中的经济为第一要素,因此对于代理人的报酬,定得极其菲薄,简直可以说是情同义务,不然,要是将报酬定得太高了,一方面容易使代理人作弊,而另一方面还足以使馆方的经济受到影响,因此我们设置代理处的第一个先决问题,便是代理人的问题,如有这项的人就办,否则宁付阙如。

（2）代理处的成立　如有人乐意干这代理处的工作,那末我们事先对于下列各项手续,是断不可少的:

一、发给代理人聘请书。

二、发给代理人办事细则。

三、发给代理处的招牌和印章。

四、发给各项印刷品及文具。

五、向当地教育当局声请备案。

（3）应付代理人借书还书的手续　馆中如将代理处

转来的新保证书，审查合格之后，即行填发借书证，以后代理处如有清单寄来借书，当先查看他单上的借书人，是否个个有借书证，并且是否已经将上次借去的书还来，如果不错，就照单检配，配就，将原来正单签名连同所借的书，一并寄去，以副单留馆存查，日后书本寄还，便将这单检出核对签销，如有越期不还，便当知照代理人，催索或赔偿。

在代理处借书的人，每次借书以一部为限，但这一部不论它若干册概纳往还寄费五分。此项寄费，均归代理人处理入账，并不随缴到馆，至于每次由馆发寄借书邮费，则至月底由馆开一清单，结算一次。如借书人所纳邮费，尚有盈余，则可以用充代理人酬资之一部份。

第十二章　图书流通应注意的工作

除了上面所讲的几个办法以外,馆员应注意的工作,也还有分别说明的必要,至于发行刊物等,虽与流通图书事业有相当的关连,可是它的手续专经于著述与编辑,和本课程却无甚关系,故略而不提。

(A)每日应注意的工作

从事图书流通的工作人员,每日除办理上述的几种工作之外,还应注意下列的各点,倘能日常行之,俾成习惯,庶几能使馆务得以日臻至善的地步!

(1)进出呈令公函的登记　每日如有关于图书馆事务的令文和公函收到,或呈文信件发出,为求将来便于查考起见,应当将他逐件摘录在登记簿上,积之一年,又将他分别挨号汇订存案。其簿式见下列图表:

接收邮件记录簿

接信日期	编号	发信人名	信件摘由	答复日期	答复情形

图表　（十八）

寄发邮件记录簿

发信日期	编号	收信人名	信件摘由	答复日期	答复情形

图表　（十九）

（2）接收杂志报纸的登记　杂志报纸也是图书馆的财产之一,既是财产,那末整理和保存的手续,是断不容疏忽的,所以每一种报纸和杂志,一经寄到图书馆,就该给他登记,以凭日后稽核查考之用,其记录的表格请见以下图式：

日报登记表

月\報 名\日	申 报	中央日报	新闻报	时 报	晨 报	之江日报
月一 日						
二 日						
三 日						
四 日						
五 日						
六 日						
七 日						
八 日						
九 日						
十 日						
十一日						
十二日						
十三日						
十四日						
十五日						
十六日						
十七日						
十八日						
十九日						
二十日						
廿一日						
廿二日						
廿三日						
廿四日						
廿五日						
廿六日						
廿七日						
廿八日						

图表 （二十）

68

半月刊登记表

年\刊名\月	工商半月刊	邮工半月刊	医药半月刊
年 七 月			
八 月			
九 月			
十 月			
十一月			
十二月			
一 月			
二 月			
三 月			
四 月			
五 月			
六 月			

图表 （二十一）

69

月刊登记表

年 月刊名称	年 月	月	月
（总类）			
图书馆月刊			
书报月刊			
读书杂志			
（社会类）			
东方杂志			
申报月刊			
（教育类）			
教育杂志			
教育与社会			
现代教育			

图表 （二十二）

周刊登记表

周刊名称 日	年 月				
	四日	十日	十七日	廿四日	卅一日
教育行政周刊					
人民周刊					
英语周刊					
生活周刊					
华年周刊					

图表 （二十三）

（3）经济出纳的登记　随便什么公私机关,要把经济实报实销,且就收入的限度衡量支出的标准,只有掌管经济的人,勤于记账。小图书馆虽然出纳的经济不多,收支的次数很少,用不着什么复式的账簿,可是一二种简单的簿记,用为日常收支的纪录,这是万不能少的,今将日记账及总清账各举其一式于后:

日　记　账

日期	摘　要	收入	支　　　　出					余额
			薪水	图书	设备	办公费	印刷	

图表　（二十四）

印刷费总清帐

日　　期	摘　要	收　　入				支　　出		余　数
		售借书证	补借书证	售出书目	售出月刊	支印刷费	其　他	

图表　（二十五）

（4）每日阅书,借书,人数,界别,书数,类别的统计

要晓得我们所办的各种图书流通方法,以何者最受社会欢迎,最能收到流通的效果？更以何人最能利用流通图书？以何类书籍最能博得阅者的同情？以为我们改进流

通图书事业的张本。要达到这个目的,必须每日勤于统计,将逐日各部借书的人数,书数,以及借书人的界别,和书的类别一一给他统计一下,分别记录在个别的登记簿上,以凭考核。所以一个图书馆,其逐日应填造的统计,至少要有下列四种:

(甲)馆务日记——见图表二十六。

(乙)阅书人界别统计表——见图表二十七。

(丙)阅书借书类别统计表——见图表二十八。

(丁)催索及损失统计表——见图表二十九。

馆 务 日 记

民国　　　年　　　月份

日期	气候	大事纪要	参观人	到馆借书		通信借书		巡回图书		陈列图书		车送图书		代理图书		到馆阅书		共计	
				人	书	人	书	人	书	人	书	人	书	人	书	人	书	人	书
1																			
2																			
3																			
4																			
5																			
6																			
7																			
8																			
9																			
10																			

图表 （二十六）

72

阅/借 书人数界别按日统计表

民国　　　　年　　　　月份

日期	阅书人							借书人							总共
	政界	学界	农工	商界	妇女	儿童	共计	政界	学界	商界	农工	妇女	一般	共计	
1															
2															
3															
4															
5															
6															
7															
8															
9															
10															

图表　（二十七）

阅/借 书 类 别 统 计 表

民国　　年　　月　　日　至　　日

类别 人数 书数 日期	星期一		星期二		星期三		星期四		星期五		星期六		星期日		共计	
	人	书	人	书	人	书	人	书	人	书	人	书	人	书	人	书
总　类																
哲　学																
社　会																
语　文																

图表　（二十八）

项目 月 日	本 地 催 书						外 埠 催 书						遗失图书	
	第一次催的人	人数	书数	第二次催的人	人数	书数	第一次催的人	人数	书数	第二次催的人	人数	书数	人数	书数
月一日														
二日														
三日														
四日														

图表 （二十九）

（5）馆务通告 馆中如遇有必须公布借书人的事情，就该立刻拟就通告，揭示众览，免得使借书人过事隔膜，如放假暂停，均须先示通告。更正章程，出版刊物，事后尤当揭示。

（B）每月应注意工作

图书馆有几种事情，只须每月举行一次，可是因为每月只举行一次，所以往往会被忽略过去。现在将他定为馆中的常规，俾习惯成自然，那到了时候，便自然而然的会按部就班地做下去了。现在将每月应注意的事，写在下面：

（1）馆务会议 孤陋寡闻，于事无补；集思广益，于事有裨。如一个图书馆为要谋他的事业循序上进，发展无已，那却要赖馆务会议的帮助，会议的要点，就是报告上月工作进退的情形，经济出纳的实况，和讨论下月工作的标准，以及改进事业的方针。各抒意见，各发宏论，探讨进行，才能协力共举，所以馆务会议，实是图书馆里一桩很重要的事情。

（2）大事的记录　一馆的事业进退兴衰,都应该将它的事实,一一予以记录。以凭作为将来的考据,和改进业务的参考。除记录之外,还应该向大众公布,公布的牌式,见图表三十。

（3）赠书人的题名　凡赠书与图书馆,无异资助图书馆,扶持图书馆,他的热心委实有宣扬的必要。如何宣扬？当然只有将赠者的芳名按月牌示公告,或登载于馆刊,用以表示我们感激的诚意,如此既可以激其既往,还可以励及其他。牌示的格式见图表三十一。

<table>
<tr><td colspan="3" align="center">年度大事公告牌</td></tr>
<tr><td>年　　月</td><td>大事</td><td>纪要</td></tr>
<tr><td>年　　月</td><td></td><td></td></tr>
<tr><td></td><td></td><td></td></tr>
<tr><td></td><td></td><td></td></tr>
<tr><td></td><td></td><td></td></tr>
<tr><td></td><td></td><td></td></tr>
<tr><td></td><td></td><td></td></tr>
</table>

图表　（三十）

<table>
<tr><td colspan="6" align="center">年　　月份赠者题名牌</td></tr>
<tr><td>赠者芳名</td><td>书名</td><td>册数</td><td>赠者芳名</td><td>书名</td><td>册数</td></tr>
<tr><td></td><td></td><td></td><td></td><td></td><td></td></tr>
<tr><td></td><td></td><td></td><td></td><td></td><td></td></tr>
<tr><td></td><td></td><td></td><td></td><td></td><td></td></tr>
<tr><td></td><td></td><td></td><td></td><td></td><td></td></tr>
<tr><td></td><td></td><td></td><td></td><td></td><td></td></tr>
</table>

图表　（三十一）

（4）书量增减的公告　这项公告,宛如银行里的财产报告,使我们现实的财产数量,得以由公告而使大众得知,更能使他们知道事业是否有进步？基本是否日见稳定与坚实？而且在另一方面还可以使利用图书馆的人,加高了兴致。这也是按月不可少的工作,公告方式见下表：

年度按月书量公告牌

年\项目\月	上月存书	自 置		捐 赠		寄 存		共 计
		图书	杂志	图书	杂志	图书	杂志	
年七　月								
八　月								
九　月								
十　月								
十一月								
十二月								
年一　月								

图表　（三十二）

（5）逐月新书报告　每届月终,应将所购入的新书,除牌示公告之外,同时还要将这些新书印成一纸或小册子式的报告单,分发外埠,及非亲自到馆借书的阅者。

（6）逐月阅借图书人数书数的公告　图书馆事业兴衰成败,办理其事的人,固然应该随时知之深切,可是与我们日常发生关系的借书者,也该使他们多少明白一点,或者于无意中能激发他们的兴致,邀他们的同情,予我们一点助力,也讲不定。要达到这目的,只有将每月事业的实况,牌示公告,公告的表格,见图表三十三。

（7）经济的公告　经济公开是现在办事的良心举动,虽然范围很小的图书馆收支有限,出入详实,可是秘密,那就不但不能得到他人的谅解,反容易引起他人的忖疑。横直图书馆收支有账,每月结算一次,公布大众,不过仅

76

费一举笔照录之劳,这又何苦而弗为呢？况且公告之后,也许能邀人的谅解而予以扶助,也未可知！至于公告的格式,见图表三十四。

年度阅借图书成绩公告牌

年月＼数目＼项目	参观人	阅　书						借　书						共计	
		到馆		巡回		陈列		到馆		通信		车送			
		人	书	人	书	人	书	人	书	人	书	人	书	人	书
年七　月															
八　月															
九　月															
十　月															
十一月															
十二月															
年一　月															

图表　（三十三）

年度经济收支公告表

年月＼银数＼项目	收　入				支　出					余存
	补助	费捐款	其他	共计	薪水	书报	设备	印刷	办公费 共计	
年　月										
年　月										
月										

图表　（三十四）

77

第十三章　图书流通实施的要点

图书流通的各项实施方法,因其性质和组织的不同,而方法亦因之而异。在着手办理的时候,须先有严密的考察和实施的要点,以减少进行中的困难。如有某种办法,为国内鲜见而无法可资遵循的,不妨先为设计,订定注意事项,设法试行。兹将各种图书流通方式的实施要点,可供从事图书馆事业者参考的,介绍于后:

1.摩托流动书库

(一)置备书车

一、摩托车之作书车用的,没有现成式样,须如货车之改为客车办法,将车身改装,以为专供藏书之用。车中除装置书架外,不须另设坐位,大约二面装置书架,可以容纳图书二三千册。福特公司出品,车价较廉,约须四千元之谱。

二、车价既大,各图书馆附设者,恐无力置备,可以呈请行政当局,拨款购置,或由当地各馆联合,合力购置。

(二)设立书站

一、停车阅书之处，除利用车场外，须设法车站。同时为避免天雨及安全起见，宜于繁盛市场，闹中取静之处，搭盖简单的车站，称它为"某某地书站。"站之两旁，装置长凳，以作阅览者的座位。书站的建筑，若以铅皮为盖，水泥为柱，木板为凳，每处费用约计二百元之谱，可与置车同时筹费。以一车为流通用的，只须设置三站或四站就可敷衍，多则停留时间，即太短促。各处的书站平时可供行人休息之所，车到则为阅书之用。

二、设立书站，在城市；或在乡村，须先顾到该处人口的多寡，以及各站适当的距离。

(三)管理问题

一、管理书车的机关或图书馆，须选体格健全的出纳人员，加以驾驶车辆的充分训练。除管理图书外，兼司行车。如书车各馆联合办理，则可以抽调训练，轮流值日。

二、管理人员以专任为原则，每日工作以八小时至十小时为度，驾驶整理为二小时，开驶与阅览为六小时或八小时，例假与普通图书馆同。

三、如出纳较繁，一人不及应付时，可招练习生以做助手。

(四)图书供给

一、图书除请费购置外，可向附设的图书馆抽调陈列，于相当时期，设法掉换，如是联合设立，共同供给，尤为便利。

二、陈列图书,以通俗书籍为原则,报纸杂志,尤须兼备。

（五）经费预算

一、购置车辆及改装费用,单独筹措,作临时费或特别费开支。

二、经常费用,包括俸给,图书,文具,汽油,修缮,特别等费,大约计算汽油以行驶路程为标准。修缮特别二项,须视管理员的技巧及有无临时发生意外事项为断。实际编造预算时,可与路局有经验者商定之。

（六）开放阅览

一、阅览时间,须依照设站的多少而定,大概每站开放时间,以二小时为度。

二、每站开放时间,宜有一定时刻,使民众易于记忆,免致徒劳往返。

三、如因车辆损坏或暂停工作,均须临时或预先张贴公告。

（七）其他设备

一、供给目录,可分二种:1. 卡片目录,装置车身适当之处。2. 单张目录,可以分贴于附近公共场所。

2. 火车书报流通处

（一）简单设备

一、每辆客车,于车门出入之处,壁上装一书箱,可容薄本图书百册左右,书箱前面用玻璃窗门,开启时可以将窗向上一层推进,平时可以加锁。

二、书箱下层,装一抽屉,储藏阅览券及铅笔等用品。

三、印就单张书目,装于镜框内,悬于书箱之旁;或由管理员随带。——此项目录,于每次配书时,印就若干份,以便应用。书本目录,易于失散,若书本的种类很少,则以单张为宜。

(二)图书供给

一、选择图书报纸,以通俗实用,而有益智识为原则。

二、在四等车中,以多陈列图书画片,或图字相间的画报为宜,略附极通俗的小册。

三、在三等车中,陈列中文图书,通常的日报,亦宜多备。

四、在一二等车中,除中文图书报纸外,可略备西文图书,及在国内出版的西文报纸。

五、书籍以薄本子为宜,因为时间所限,多数旅客,必不能阅毕长篇巨著。

六、报纸可用报夹悬挂,每辆车中,至少置备二份方可应付。

七、关于常识方面的画册,宜多搜罗,以应付初识文字的旅客。

八、图书的配合,除多备有益身心的文艺书籍外,宜顾及各方的需要,对于各种科学都要按适当的表率支配。关于本路以及各地的地理游记等,尤宜多备。

（三）交换办法

一、图书分组配合以后，每隔一定时期，应有新出版图书的增加，而抽去其陈旧的重造目录，抽调陈列。

二、在同一陈列时期内，列车中可办同样的图书报纸，用同样的目录，使编配较易。

三、每届交换时间，关于新书的增加，和旧书的抽减，可以预先计划，将目录预先印就，临时只须将图书增减，所费时间不多，可不间断。

（四）管理问题

一、管理人员，宜用专职，可招十六岁以上二十岁以下的高级小学毕业生或初级中学毕业生担任，招考收录后，请规模较大的图书馆加以短时间的训练，月薪每人约三十元以内。

二、每一管理员，可以管理二辆或三辆客车，于开车后和停车前，在所辖各辆车内绕行一周，以处理图书的出纳。

三、管理员宜穿特种的制服，以便旅客的认识并须随带书目，阅览券，和铅笔等，交旅客选择填写。路局当局，对于管理员当时时考绩，并注意其对旅客应取平等和蔼的态度。

（五）阅览手续

一、旅客在目录中选定图书后，须先将阅览券填记，连同车票交给管理员作保，然后由管理员交付图书，还书时车票交还,阅览券保存,作备查之用。

二、如为减少支出经费计,对于阅览图书或日报亦可向旅客征收阅览手续费铜元一枚或数枚。

3.轮船图书流通部

(一)设立标准

一、轮船以行驶在百里以外者,较为需要。

二、有大的客舱,可以装置书橱者,较为便利。

(二)图书供给

一、供给图书的数量,须视该船每日平均乘客的多寡为断,大约在二百人以下一百人以上的,供给百册,以此类推。

二、轮船行船的路程短者,时间不多,宜供给薄本图书。

三、乘客程度不一,所备图书,应以通俗图书而带有消遣性质者为宜。

四、沿途各地的游览指南,以及各地的详细地图,都要广为搜罗,附带陈列。

五、杂志选购普通的几种;日报就当地所发行的,选定数份。

(三)管理问题

一、供给少数图书派员管理,似不经济,而常住轮船,事实上双方均感不便。可委托轮船上识字的职员兼管,给以津贴,事前由馆中派人指导,对于图书出纳的手续及整理陈列的方法,详细指示,一俟纯熟后,即托他负责办理。

二、为使旅客明了起见,船上各舱,都可悬挂阅览规则的照框,并写明轮船上受委托保管图书的管理员职务及姓名,以便旅客的接洽。

（四）交换图书

一、交换图书,由主办的图书馆,于相当期内,派员掉换。

二、交换时间,以二月一次为适宜。

（五）出纳手续

一、取阅图书,以船票作抵,较为妥当。

二、借阅图书,得向旅客收取阅览手续费铜元一枚或数枚,以作酬劳;但须注明于阅览规则中。

4.巡回文库

（一）规划地点

一、巡回文库以设立于乡村及不便至公立图书馆借书之处为原则。

二、巡回文库之设立,其地点除由总馆审察地方需要情形指定设立外,得接受各市镇各乡区的要求,酌量设立。

三、附设巡回文库的场所,以学校;公所;党部;会社;茶店;旅馆等公众聚集之处为原则。

（二）聘请管理

一、县市图书馆既无多量的经费,足供代管人员辛劳的津贴,所以请人管理,以尽义务为原则。

二、地方上每有热心公益,以及对于图书馆事业有特殊兴趣的人,可以委托代管。

三、茶店中之店东,伙友,以及每日必到茶店中的老茶客,识字而诚实者,亦可委托,可赠送日报一二份以代律贴;或给相当律贴,以为酬劳。

四、普通乡村小学教师,以功课繁重,实际上常常不能兼任管理,而课余之暇,又多无意及此,所以管理的责任委托识字的工役或村民,较为便利。

五、供给报纸及津贴之费用,须估计后列入预算。

(三)图书供给

一、县市图书馆,不能抽调多量图书,以作流通之用,在创办之初,不宜求多,宜量力酌办,逐年推设。

二、与其以少数图书,分设多处,宁少设几处,而使图书之数量不致过少。大概每处图书,每期供给一百册至三百册为度。

三、陈列图书,以通俗为原则,尤须多备图多字少的图书。此外图表照片之类,最易博得初识文字者的欢迎,亦宜多所置备,但须时时更换。

(四)运送方法

一、陈列图书,书橱书箱均可应用,质料宜坚。式样大小,则视供给图书的数量多寡为定。

二、运书用具,路程远者,以木箱籐箱为宜,近者,以厚纸或布包均可。

三、目录形式不拘,用书本目录或单张目录均可,为适于各处轮流陈列之需。目录可以预先用油印印存若干份,备交换图书时,于封面等处加盖陈列时期及陈列地点,分发应用。

（五）必要设备

一、在山乡地方,运送图书,适用车送挑送;在水乡地方,可以船送,或托航船寄递。为开支运费节省起见,交换时期,可以延长二月或三月交换一次。但是项支出,须于开列预算时,估计列入。

二、如于经济可能时,运送交换,派员监督处理,尤为顺手。因为交换图书时,往往因图书尚未收齐,一时不能交付,每致延搁时间,临时的处置与应付,以直接接洽为便,如能派员前往,对于工作上的指导和改进,亦为有利。

5.家庭文库

（一）设立标准

一、办理家庭文库,应先从调查住户情形入手。在某街某巷或某村之一段落中,各住户中对于读书的兴趣情形如何,先须详悉,然后再定设立与否。

二、如大户,男女识字人数多者,亦可单独供给。

（二）图书供给

一、统计调查之结果,得到（1）成人与儿童的比率;

（2）民众职业的比率;(3)民众学识程度的差别,作为配书的参考。

二、依照各种比率,编成各组图书,送往陈列,规定某地段住户的公用,或为一家的独用,大约每组以三十册至五十册为度。

三、住户派人新来选借,得由馆员指导,共同选配。

（三）管理问题

一、图书数量中,如其儿童图书占多数,可以请诚实灵敏的儿童管理。成人图书占多数,可请热心办事的成人管理。

二、图书无论为各户公用或一家独用,对于图书出纳,只须随时在登记簿上,填写人名书名和借出归还等日期,因为邻里之间,大家相熟,可以免去如到馆借阅之用正式借阅办法的麻烦。

三、交换图书,可以不定期限,随时掉换;但不得过于延长,大约以一个月为交换的适当时间。

6. 流动书库

（一）设立标准

一、流动书库,送阅的地段,以热闹市集为原则。

二、规定的地段,每日必须有一定时间经过和停留。

三、要求送往阅览,应该看该地段的需要而定。

（二）装书用具

一、书车,书箱,书架,形式不拘,以人的肩力,臂力胜任为标准。

二、对于用具的外表，宜有优美醒目的标帜。

（三）图书供给

一、日常流通的图书，以通俗为主，百册为限。于相当期间，随时抽调。

二、杂志，日报，随带陈列。

三、图画之类，容易引起兴趣，尤宜多备。

（四）管理人员

一、推车，负箱，而兼出纳的人，能设专员最好，如由馆员担任，在县市图书馆，人数不多，恐难兼顾，可以将工人训练兼充，在城市和乡村每日工作二三小时已够。

二、馆中职员宜随时抽暇同往监督指导，并可实地明了阅众的需要。

（五）停留场所

一、沿途停留之处，以公园和广场为宜，有石阶和石凳之处，亦可停留。

二、商店伙友，工厂工人，喜阅图书者，则柜台门房，都是停留的场所。

（六）阅览手续

一、在停留场所，可以任人阅览。

二、借归阅览，可于书券上，请盖商铺或机关的图章作保，图书归还时，将书券交还。借阅期间，以一日至三日为限。

三、阅览人未必能执笔写字,阅览券可以不用。由管理员问明姓名后,再以符号记录。——记录簿见第十四章。

第十四章　图书流通的章则表式

　　图书流通所需用的各种章则和表式,很是繁复,在拟草的时候,要审察地方情形,可以见诸实行的,方为适用。章则方面,包括组织,阅览,管理,交换,陈列等等,而所订条文,有章程,简章,细则,办法,规程,规约,纲要等等不同名称;表式方面,为手续上所最需要具备的,各举数种样式于后。

　　(1.)各项章则

　　(一)巡回文库

　　(a)巡回文库委员会

　　浙江省会巡回文库委员会章程民国二十二年修正

　　一、本委员会以启发并普及省会民众智识为宗旨。

　　二、本委员会由浙江省会各图书馆各推代表一人组织之。

　　三、本委员会各机关出席代表以固定为原则。

　　四、本委员会之任务如下:

　　1.关于巡回文库用书之选审事项。

2.关于巡回文库巡回区域之分配事项。

3.关于巡回文库设施之研究事项。

4.关于巡回文库之统计事项。

5.关于巡回文库之其他事项。

五、本委员会设总干事一人,由委员中互推之,管理本委员会之文件及经费等事项。

六、总干事任期为一年,连举得连任之。

七、本委员会每二月举行会议一次,由总干事召集之;其地点及主席由组织各机关轮值之。

八、本委员会一切费用由下项收入拨充之。(甲)会员费(一)省巡回机关,每年三元。(二)市巡回机关,每年一元五角。(乙)补助费。

九、本委员会于每次会议时,得请教育厅派员指导。

十、本章程有未妥处,得由委员会提出修正,呈奉教育厅核定之。

十一、本章程由本委员会议决,呈奉教育厅核准施行。

(b)普通巡回文库

嘉善县立图书馆巡回文库暂行办法

一、本文库为供给本县各地民众阅览而设。

二、本文库图书由嘉善县立图书馆按月供给。

三、本文库图书,只能在指定场所阅览,概不出借。

四、每日阅览时间除星期一例假外,规定如后:

午　时起至　午　时止

五、阅览人阅览图书时，先向助理员取得阅览券，就目录中择所欲阅览之图书，记其名称于券上，交助理员检交，不得自取，阅毕将图书掉还阅览券。

六、阅览券上所填图书册数，至多以三册为限。

七、阅览人不得将图书任意撕裁，并不得圈点，批注，折角，如有任意损坏毁失，责令缴纳相当之赔偿。

八、本办法如有未尽事宜，得随时修正之。

（c）工商巡回文库

嘉兴县立民众教育馆工商巡回文库巡回办法

一、凡享受本文库巡回权利者，均须依照是项办法。

二、凡本埠内之工商团体，均得享受本文库巡回之权利。

三、本文库巡回程序，均依照本馆拟定之巡回录，受巡回之团体，无要求先巡之权利。

四、本文库巡回时期，每一团体，只以一星期为限。

五、享受本文库巡回权利者，在收受文库时，须将书目与书检对，在当时未检对，以后如有图书缺少或污损等情，均由收受者负责。

六、本文库备有收据若干纸，凡收到本文库之团体，须填具此据交给本馆凭核。

七、凡自愿放弃本文库巡回权利者，以后不得声请补巡。

八、关于本文库巡回上之诸问题,除按照本办法外,得向本馆询问。

九、凡有损坏或遗失本文库各书,须照价赔偿。

十、本办法经本馆馆务会议通过施行。修正同。

(d)儿童巡回文库

江苏省立教育学院实验民众图书馆小学巡回文库简则

一、本馆因馆舍狭小不能开辟儿童阅览室,故设立小学巡回文库以补救之。

二、本馆文库,为便利小学生于课外业余得有良好读物,增长智识,并训练儿童办理图书馆使有社会服务之兴趣为目的。

三、每校置巡回书箱一只,内藏图书九十册至一百二十册不等。

四、每两周调换一次,由馆中派员会同各校管理员点交清楚,如有遗失,当由管理员负责向借书人赔偿。

五、设文库各校,选派三个学生为管理员,受本馆及各该校之指导管理。

六、本文库书籍,概得出借,惟每次只借一册,二天归还。

七、借还时,本馆备有本文库图书目录及图书借还登记簿,以便小学生及管理员之检查。

八、文库办理成绩优良者,本馆得酌给奖品,以资鼓励。

九、本办法由馆务会议通过施行。

2. 特种流通

（a）轮船流通

浙江省立图书馆附设江兴轮船图书部暂行办法

一、本馆为利用旅客旅行时间，增进兴趣与智识，商经江兴轮船附设图书部，以供旅客阅览。

二、本部设置管理员一人，掌理保管及整理等事务。

三、本部所备报章杂志图书，旅客阅览时，须先向管理员购买阅书券，并将船票交与管理员，暂时保证，于缴还图书时，将票发还。

四、本部阅书券，每张收手续费铜元二枚。

五、旅客每人阅览图书，每次以一本为限，如欲掉换，须另购阅书券。

六、本部图书编号陈列，旅客阅毕，应即缴还管理员放置原处，不得紊乱。

七、本部图书，限在本轮船内阅览，不得移借出外。

八、本部图书，由本馆每周派员检点一次，如有损坏，由管理员负责。

九、旅客对于本部图书，应加爱护。

十、本办法有未妥处，得由本馆修改之。（十九年六月二十日核准备案）

（b）出纳代办处

浙江省立图书馆图书出纳代办处暂行办法

第一条　本馆为推广图书之流通,并谋住居距离本馆较远者,借书之便利。得酌设图书出纳代办处。

第二条　图书出纳代办处之设立,依照下列之标准:

　　　　甲　距离本馆总馆在五里以外二十里以内者。

　　　　乙　人口繁密者。

　　　　丙　附近尚未举办图书馆事业者。

第三条　代办处之任务,暂定如下:

　　　　甲　对本馆出纳图书。

　　　　乙　对读众出纳图书。

　　　　丙　收发读众对于本馆之意见书。

　　　　丁　按期造具报告。

　　　　戊　其他本馆指定事项。

第四条　代办处管理员,得由本馆酌给津贴。

第五条　代办处之设备用品,由本馆供给。

第六条　代办处及本馆相互间图书之递送,由本馆负责。

第七条　民众向代办处借出图书时,均须遵照本馆借书规则办理。

第八条　民众向代办处借出图书以前,须先向本馆总馆预缴保证金,领取代办处借书证,或领取信用保证借书证。如民众只能在代办处办理上项手续者,须于本馆指定期间行之。

第九条 借书人如欲收回保证金,得随时向本馆总馆收回;或欲向代办处收回者,须在本馆指定期间行之。

第十条 本暂行办法,由馆务会议议决,呈请教育厅核准施行。(二十一年十月二十二日核准备案)

(c)茶园文库

江阴巷实验民众图书馆茶园文库规约

一、茶园文库为使茶客得利用时间,阅览书报以增智识,以广见闻为宗旨。

二、每茶园设文库箱一只,内藏图书若干册,书目一册,本外埠报各一份,由该园堂倌逐日来馆领取。

三、报纸应逐日整理,用木夹夹好,以便茶客随时检阅。

四、每日晚间,堂倌应将图书整理一次,以免遗失紊乱。

五、本文库图书,如有遗失,应由茶园负责赔偿。

六、本文库书报,概不出借。

七、为增加茶客阅览兴趣起见,本文库图书,得斟酌随时调换,但双方须点交清楚。

八、本馆职员得随时来茶园指导阅览,并举行讲演及其他活动。

九、文库办理成绩优良者,本馆得酌量给奖,以资鼓励。

十、本规约本馆及设立文库之茶园,应共同遵守之。

（d）图书流动车

平市通俗教育馆图书流动车简章

第一条　本馆为普及教育改良社会起见,特设图书流动车。

第二条　所备图书暂以关于民众儿童读物,及有益身心之浅近小说为限。

第三条　图书流动车,暂设一人管理之。

第四条　管理人专司图书借出收回与保管等事宜。

第五条　图书借阅规则另定之。

第六条　图书流动车巡回本市庙会商场及通衢各处。

第七条　图书流动车每日上午十时至下午四时为巡回时间。

第八条　本简章经本馆馆务会议通过,呈准教育局施行。

第九条　本简章如有未尽事宜,得随时修改之。

3. 借阅手续

（a）茶园文库

江阴巷实验民众图书馆茶园文库阅览规程

一、凡本茶园茶客,均得借阅本文库书报。

二、本文库每日上午八时至下午六时,为阅览时间,过时概不借阅。

三、茶客如欲阅览书报,应向本茶园堂倌索借,并在阅览签名簿上签名。

四、阅览人在图书上不得任意圈点,涂抹,折皱,加批或污损,倘有此种情形损坏图书,则应照价负赔偿之责。

五、阅览书报时,请勿高声吟哦朗读。

六、阅览人请勿擅自将书报携出店外。

七、阅览人出茶园时,须将图书归还本茶园堂倌收存。

八、本文库图书,限于茶园内阅览,概不出借。

九、有屡犯以上各条而不听劝告者,本馆得停止其阅览图书之权。

（b）流动书库

浙江省立图书馆流动书库出借办法

一、阅书人欲借本书库图书,须先填写申请书,然后由本馆发给流动书库借书证,以后凭证借书。

二、凡领有本馆馆内借书证未得申请转移者,不得再领本书库借书证。

三、借书人应遵守借书证上"须知"各项。

四、借书人借书时,须在所借图书内书片上签名,并将书片连借书证交本书库管理员。

五、借书人对所借之图书,须于本书库下次出巡时交还,如欲续借者,须将该书带来,办理续借手续。

六、本馆对于借书不勤,迟延还期,及损坏图书之借书人,得随时提出警告,并屡戒不听则收回其借书证。

七、借书时间每出巡日下午一时起至五时止。

八、下列各种图书,概不出借 1. 杂志报章 2. 地图等件。

4. 管理章则

(a)图书流通部

浙江省立图书馆管理图书流通暂行办法

一、本馆办理图书流通事业,计分图书流通部,轮船文库,民众书报阅览处,流动文库,图书出纳代办处,五种。

二、各处陈列图书,均由本馆供给,其性质如下:

1. 图书流通部及轮船文库,陈列图书在二百册以内。

2. 民众书报阅览处,陈列图书在一百册以内,并备上海报一份,杭州报二份。

3. 流动文库,陈列图书在一百册以内。

4. 图书出纳代办处,代办本馆图书之出纳,其办法另订之。

三、各处图书,每二月轮流交换一次。

四、各处管理员由本馆聘任,承本馆推广组之协助,主办各该处事务。

五、各处设立标准,以阅览人数之多寡为依据。轮船文库及图书代办处阅览人数,每日平均暂定至少须满五人。图书流通部,阅览人数,每日平均暂定须满四人。民众书报阅览处,阅览人数每日平均暂定须满二人。流动文库阅览人数每日平均暂定须满十五人。

六、各处停止开放连续满七日以上时,事先须由管理员请求本馆认可,并对外通告之。

七、各处成绩超过暂定标准二分之一以上,连续满四个月时,本馆得斟酌情形奖励之。

八、各处成绩不及暂定标准,连续满四月者,本馆即停止该处之设立,但事实上之窒碍,经本馆承认者,不在此限。

九、凡欲请求本馆设立上述各处者,须先向本馆推广组登记,俟有余力,或他处有停办时,得按次增设或补充之。

十、各处管理员,与本馆之联络关系,另在图书流通管理须知订定之。

十一、本办法所规定之各项事业,由馆务会议议决,呈请教育厅核准施行。(二十一年十月二十二日核准备案)

浙江省立图书馆图书流通管理须知

第一条　本馆为推进流通图书部,轮船文库,民众书报阅览处,流动文库等之业务,确定各处管理员与本馆之关系,特订定图书流通管理须知。

第二条　管理员收到流通图书时,须在收书单上签名盖章,本馆收到流通图书,以签发收书单为凭。

第三条　管理员须将本馆随书附送之书目,张贴门首,及其他适当处所。

第四条　各处收到流通图书后,须在规定时间内任人阅览。

第五条　管理员须俟阅览人将阅览券逐项填明后,始得照券检发。

第六条　管理员在阅览人交还图书时,须细加检点,并在阅览券上,加盖已还图记。

第七条　管理员须将逐日阅览券,妥为保存,于每月终汇交本馆。

第八条　管理员须将考查表,逐项填记清楚,于每月终检交本馆。

第九条　图书出借,至多以三天为限,续借至多一次;但轮船文库图书,概不出借。

第十条　管理员发生困难问题时,得随时报告本馆。

(b)巡回文库

嘉善县立图书馆巡回文库助理员服务细则

一、本文库于每月末日,由嘉善县立图书馆,按址将图书打包装寄,到达后复信通知。

二、每月一日,将收到图书陈列指定场所,公开阅览;每月末日装回嘉善县立图书馆。

三、每月一日,应将上月阅览人数,作成统计,填记于报告表内,寄交嘉善县立图书馆,以备考查。其阅览券一项,应加封保存。

四、每日阅览时间,由助理员自定,每日以二小时为度,除星期一停止阅览外,概不停止。

五、助理员因事不能服务时,应请相当人代理。

六、装寄运费,由嘉善县立图书馆付给。

七、助理员每月津贴三元。

八、执行赔偿时,须依照目录单上所开之实价收取。

九、抽屉中各物用罄时,请即通知以便照发。

5. 交换图书

浙江省巡回文库委员会交换图书办法

一、本会图书交换办法,订定如左:

二、本会图书分成若干类,编印目录,连同图书,点交保管机关,嗣后依照轮流表,挨次交换。

三、交换时间及地点,即以每次常会为准,如届时未将图书带会,迳由该保管机关,于会后三日内,派员负责专送。

四、图书交换时,接收机关,应填发收据,以为凭证。

五、缺少图书,除函知接收机关外,须通知总干事登记。

六、工作月报表,迳在每次常会时,带交总干事备查。

6. 图书陈列

浙江省会巡回文库委员会流动书库应时图书陈列纲要

一、本会所订各项应时图书之名称及时期规定如后：

1. 国耻宣传　一二八，五九，五卅，九一八。

2. 风俗改良　三月第一周。

3. 造林运动　四月植树节前后共一周。

4. 卫生运动　五月及十一月中旬一周。

5. 识字运动　与教育厅规定本市识字运动周，同时举行。

6. 拒毒运动　六月第一周。

7. 合作运动　七月第一周。

8. 读书运动　各馆成立纪念日前后共一周。

9. 国货运动　临时通告。

10. 造路运动　临时通告。

11. 地方自治宣传　临时通告。

12. 国防宣传　临时通告。

13. 其他各种纪念日宣传　临时通告。

二、各项应时图书之陈列图书，由各馆就书库中所收藏者，抽出陈列于流动书库。

三、关于各项应时图书之材料，如书籍，图表，画片，宣传品，……由本会预拟书目，以供各馆调集时之参考。

四、如有收藏某项应时图书之材料，为预定书目所无者，请随时函知本会，以便介绍各馆征集。

五、陈列日期除已规定者外，如须举行某项运动或宣传，得由本会随时备函通知。

2. 应用表式

一、阅借用券

1. 普通阅览券

某某图书馆流通图书部阅览券第			号
姓名:	性别:	年龄:	职业:
住址:	时期:	年 月	日
号 码	书 名		册 数

本券用毕后请管理员保存俟交换图书时汇交本馆

2. 轮船阅览券

轮　　船

某某图书馆图书部阅览券第			号
姓名:	性别:	年龄:	职业:
日期	中华民国	年 月	日
保证轮船票自	至	船票第	号
号 码	书 名		册 数

本券用毕后请管理员保存俟交换图书时汇交本馆

某某省会巡回文库委员会某某图书馆巡回文库记录簿

3. 流动书库阅览记录

姓　名	性　别		年　龄		职　　　　业								书　码	册　数
	男	女	成人	儿童	农	工	商	学	政	军	警	其他		

年　　　月　　　日

注意:1.填注时除姓名书码册数外,请在应填格内,加一圆圈。

　　　2.每一区域单用一本。

二、工作报告

					巡回文库工作月报表		
月份巡回区域				巡回次数			
阅览人总　数		人	男	成人	人	女　成人	人
				儿童	人	儿童	人
阅览人职　业	农人		人	工人	人	商人　人	其他　人
借　阅册　数	册	册	册	册	册		
	册	册	册	册	册		
每次阅书人平均总数		人	每次借书人平均总数		人		

第十五章　从图书流通讲到流通图书馆

从上面所讲的几章看来，我们既已知道图书流通的重要，但是对于流通图书馆是怎样？我们也得要明了一些，所以本章特别将这个问题提出来作一个简单的讨论。

（A）流通图书馆并非是小说流通社

在社会上的各项营业之中，有一种生意，专门搜集些古今说部，和稗官史乘一类的书，订定章程，将书租给爱阅小说而无力自置的人；他们便从中取些租借费，来维持他们的生活，这便叫小说流通社，或小说租借社。推究他们的目的，并非为欲普及教育，救济失学，无非是要拿书做一种货物，取其可以迎合民众的心理，来投其所好，以达到他赚钱的目的，此项事业骤视之，似乎与社会教育无甚关系，其实由这种事业而形成的结果：

（一）可以使一般民众思想走入歧路　小说流通社的目的，既是为着赚钱，所以在他们采集书本的时候，并不顾到这书是否裨于世道人心和学术思想，只叫这书能迎合人心，可以获得大众的欢迎，即使诲淫诲盗的书，也将它采取,不但如此,并且还用尽他的方法,为了这些书竭力地宣传,使他们无远不届,无人不读,因此有许多读书无目标的民众,就受了他的欺骗,思想渐渐的走入歧途,反抛弃正书而不读。这种情形,在教育当局,因他们的目的,不过在赚些蝇头微利,从不去审查检阅,这实在可叹得很!

(二)阻止图书馆事业的发展 一般非流通性质的图书馆,因为时间,地处,保证等等限制,使不曾认识图书馆的人,不敢问津,因为在他们心理中,以为到图书馆去阅书,有许多不便,反不如出几个钱来租些书看看,既得自由又很便当;虽然租的只有小说,但是较之读那些枯燥无味的科学书,却要好得多,因之包罗万象的图书馆,反不如偏于一种设备的小说流通社。照这种情形看起来,图书馆教育不发达的原因,直接固然是事业本身限制太严,使之不能充分发展,而间接受小说租借社的影响,却也不少。现在编者为什么在这里郑重的声明,流通图书馆非小说流通社呢? 其原因是为了社会上有许多人,因有下述种种的缘故,将流通图书馆和小说流通社,相提并论,这样的误会,非但足以使民众对于流通图书馆减少兴趣,并且可以阻制流通图书馆事业的进行和发展。当兹流通图书馆事业初创的时候,非有郑重的辨正,不足以打破这种隔膜而扶植它,使它有向上进行的可能。

(甲)名辞上的误会 在中国的图书馆界里,除了公立,私立,县立等名辞的图书馆之外,再也找不出所谓流通图书馆,有者当以浙江流通图书馆为始,然而先于该馆而名流通者,惟各地的小说流通社,或流通小说社。因之一般在小说流通社尝试过的民众,便将图书馆的事业,也竟误会为营业性质的小说流通社。

（乙）事实上的误会　在一国境内的各地图书馆,照其章程,只能允许民众到馆去阅书,从来没有肯将书无限制地流通到社会民间,使全体民众都有书读;因此民众也只认图书馆为藏书楼,为阅书所,从不知道图书馆是一个可以借书读的场所。至于要借书读,那末只有小说流通社,除了小说流通社之外,还有什么机关呢？一旦这别开生面的流通图书馆产生出来,竟然打破以前图书馆的种种限制,可以允许民众将书借回家去读,这是何等自由,何等优越的利益,确实为各处图书馆所创见;而况浙江流通图书馆又是个私人创办的图书馆;并非省立、县立的图书馆,因此民众尤其要误会这种事业,是含有营业性质的流通社了。

（丙）设备上的误会　当浙江流通图书馆初创办的时候,要引起一般民众阅读的兴趣,使他们得以川流不息地向该馆问津,便要多购备些民众文学,和说部丛书之类,印成书目,那知一经分送出去,就有许多人误会该馆是小说流通社;将其余的各种事实一概抹煞。其实流通图书馆,和小说流通社显有不同之点,今约举言之:

1. 流通图书馆的目的,是为欲普及民众教育;小说流通社的目的,是在以小说书为营业。

2. 流通图书馆借书是不取分文半耗,而小说流通社借书,是要收取租金。

3. 流通图书馆搜集的书,系古今中外无限制的;小说流通社搜集的书,只以小说为限的。

4. 流通图书馆须经教育当局立案批准,方可设立;小说流通社可以无须经过这样手续,随处都可以自由设立。

（B）流通图书馆不仅是通讯图书馆

十八年一月,中华图书馆协会在南京举行年会席上,竟有许多人将流通图书馆,与通讯图书馆相提并论,一时为了这两个名辞,辩论了许久,最危急的时候,流通图书馆的名辞,几乎为通讯图书馆所火并,后经了陈独醒的一番解释,幸而得以死里逃生,不过当时白白地费了许多光阴,实在可惜得很！要是出席先生们,肯将两方的设施稍微考虑一下,便能见到流通图书馆与通讯图书馆,名义和事实,绝对不同的地方,断不能相提并论。现在为欲打破这些的误会起见,特将这两个名辞约略述之如下：

（一）名义上的不同　名义和事实关系非常重要,社会上断没有挂着提庄招牌的衣铺子,除了卖衣服之外,还带着卖帽子、袜子、鞋子的道理;设或有的,也就不该自称提庄了,应该称为衣帽鞋袜庄。再譬如卖羊肉的铺子,他既挂了羊肉店的招牌,当然不至于再去卖猪肉牛肉了。

现在通讯图书馆,他们既经自己规定其事业,仅限制于通讯借书一门,除了通讯借书之外,不管任何事体,且在名义上亦已标明某某通讯图书馆,当然较诸不仅用通讯方法的流通图书馆有所不同了,这是名义上的差别。

（二）事实上的不同　人人都知道流通书本的方法,显然不只有通讯寄递的一个法子,除这法子之外,当然还有许多别的法子:如借书人自己到馆里去借,或饬馆里用人送去,或巡回文库,或陈列图书等等。总之办理图书馆的人,不论用什么方法,它的目的只是要将死而呆搁在书架上的书,——活用起来,给他流通到民间去,以期适合民有,民享的信条,那就是流通图书馆,而今通讯图书馆流通书本的方法,只有通讯一道,舍此便恝不通融,照这样讲,流通图书馆和通讯图书馆事实上的不同,已显然了。

（三）通讯图书馆不妨改名流通图书馆　流通图书馆和通讯图书馆所不同之点,已经在上面说明;不过,照事实上着想,通讯图书馆的目的,也就是要流通书本,给民众去读,借以普及教育。不过,为的是限于经费,或困于人手,所以只用一种通讯的方法,来实施他的目的;要是他有了充分的经费,和足以支配的人手,那末未尝不希望更进一步,试验其他的种种流通方法。如果这样,到了将来扩大范围,增设事业的时候,再将民众已经注意而认识的通讯图书馆定名,予以更改,那便要发生许多麻烦和困难。所以据我的意思,称之为通讯图书馆,毋宁称之为流通图书馆,比较容易伸缩些。

(C)流通图书馆是全民众的图书馆

设置图书馆最大的目的,即在乎图书的搜集和活用。若是一个图书馆只行搜藏,而不着意于活用,那我们只能称之为图书保存所,或藏书楼;反之专着意于书的活用,而并不设法将他罗致搜藏,那我们只能称之为书贾书店,也断不能称之为图书馆。然而目今社会上一般的图书馆,他们所行的工作,只是津津乎考究怎样搜集版本,罗致秘藏,如何改造洋房,建筑钢架,对于怎样可以将书活用,并号召读者,却毫不在意。每日早晨将门开放,晚上将门关上,来者不拒,去者不留,这算尽了他们的能事,要是再将他们的阅书人考察一下,除了少数的贵族遗老,文人墨客,和教员学生之外,恐怕找不出一个农工商兵,和妇人女子吧!像这样给予少数人享受的图书馆,我们只可以称之为贵族式的图书馆,并非为全民众的图书馆,然而推究他的所以致此之因:

(一)不重视平民的问津 一般图书馆因他搜集书本的破费,和困难,便将他的书,看得非常郑重,束之高阁,藏之深密。宁可无人来顾问,却不可轻易使他散佚一些;因此对于来馆阅书的人,上等些的,倒还欢迎,要是短褐布衣的人,不但他们自己摸不着头路,就是馆里的办事员,也不至于降格去指导他们,即使他们幸而能够索书披读,恐怕馆里的职员,还要对他们特别地监视,像这般严格而轻视的办法,不岂限制了许多平民的问津,而自处贵族的地位吗?

（二）章程严格的限制　　大凡有了职业的农工商兵,因时间地处的限制,本来已经没有享受图书馆利益的机会,设使他果真迫于需要,一心打算向图书馆去,借本书来研究研究,但是图书馆里的人,决不会动于他们的真诚,肯将书特别通融,无保证金的借予研读,因为这是图书馆章程使然,照这样看来,图书馆事业不是因噎废食,而自限其发展的机会吗。

（三）办理图书馆的人不肯到民间去　　图书馆教育,在中国的社会教育上,还算不得怎样一回事,他最大的原因,便是人民不明了图书馆,不会利用图书馆,乃至无人肯扶助图书馆,图书馆事业也就不能发达了。可是要推究人民所以不明了,不利用图书馆的缘故,无非是由于办理图书馆的人,自重身价,专事馆内工作,不但不肯到民间去宣传鼓吹,就是几张宣传品的印刷费,也不肯拿出来,因此图书馆在中国社会教育上,确是成了一个具体而微的藏书处所。现在转过来,且说流通图书馆,何以非贵族的图书馆呢? 其原因不外乎将图书馆的事业走上正轨,一面尽量地搜集古今中外书本,一面便将这些书本用各种方法,来活用到全社会民间,使图书馆成为社会化,民众化,何地何人都能享受其利,获得其益。

1. 欢迎平民,商贾,劳工,劳农到图书馆来　谁都知道生活在中国社会里的任何劳工,自己既没福气读书,别人又不肯给他读书,日之营营,夜之扰扰,生活于不知不觉之中,不要说图书馆不肯给他用,而且他们自己也不要用,不敢用,所以图书馆藏了一批农工商的书,不过尽了搜集的能事,或者专门做了文人学者的参考而已。这种情形,委实可叹得很! 而流通图书馆却不然,因他要使他的事业成为民众化,所以他们开宗明义的第一件大事,就是劝人读书,在劝人读书的工作里,尤其注意农工商兵,以及不得读书,不要读书的人。使他们猛然觉悟,并且指导他们到流通图书馆来借书,带回到各人的佃家,工厂,商店,军营里去读,这是流通图书馆民众化的第一特征。

2. 借阅图书不受章程的限制　任何人要读书,都可以到流通图书馆来借,如果他再受着地处的阻隔,和时间的限制,不能亲到馆来,那末可以托人来借,或写信来借,或叫馆中车夫送去,总之流通图书馆,决不以时间,地处,担保,性别等等名目来限制人的求智欲,这是流通图书馆民众化的第二特征。

3. 流通图书馆的职员深入民间去工作　在教化不周的中国民间,图书馆教育确是没人注意,没人使用,大有违反创作者的苦心;其实图书馆教育,实在比什么教育还重要,这层意思,在上面已经说过。所以流通图书馆,在贡献他事业给民众享受之前,特地用了几种方法,先到民间去宣传,将图书馆的作为,反复解释,使民众多认识图书馆,乐意来利用图书馆,这是流通图书馆民众化的第三特征。

(D)流通图书馆办理的事业

流通图书馆的意义,我们已经彻底的明了了,但是对于馆内应办的事项,尤其是平日要多做宣传的工作,我们也要有相当的认识,现在把应做的事项,分别大略地说明于后:

(一)劝人读书:我们中国的社会里,有多少人不知道读书的紧要,只是天天过着醉生梦死的生活;以致文化科学统统都落在人后,弄得国弱民穷,这是何等可耻的事啊! 流通图书的事业,是一面搜集图书,供人阅读;一面还要逢星期日派人到各处讲演,劝人读书;或印发劝读书文及标语,借以唤醒民众,使他们都能觉悟读书的重要,这是流通图书馆的第一桩事。

(二)借书给任何人读:在中国社会里做人,要有福气才得读书,所以贫苦的人,虽有求学的志愿,也得不着读书或买书的机会。碌碌竟日,愚昧终身,实在可怜得很! 因此流通图书馆要打破旧图书馆的惯例,将书毫无限制的借给全社会民众,不论他是贫富贵贱,不拘他是男女老少,只要他肯诚心读书,那末都有向该馆借书的权利。

(三)陈列图书:大凡在五十人以上的团体,如党部,工厂,学校,机关,虽有设立图书馆的必要,但因限于经济,而未能如愿的,那末都可以向流通图书馆声请免费陈列图书,其办法就是按各团体的性质,分别每月陈列书三十至五十本,按月更换一次,直到他们自己能够设立图书部为止。

(四)巡回图书:我们要利用民众剩余的光阴,使他们在游散的时候,也得能有书读的机会,所以特意做了一架陈列式的活动书车,上面放着通俗党义,文学和科学一类的书;每天将车推到街坊上去,给社会民众去自由选读,借此引起他们读书的兴趣,也使他们明白图书馆的事业。

(五)车送图书:谁都知道我国的农工商军,因为职责的羁绊,不但没有到图书馆阅书的机会,便是通讯借书,要他出点邮票恐怕也做不到。因为中国的农工商军大多是无产阶级的大贫民;因此流通图书馆便体贴入微地替他们想得周周到到,特意添用脚踏车送阅图书,使他们可以足不出户,又不费一钱,便得享受借阅图书的权利。

(六)发行刊物:我国教育界和出版界素少沟通,消息隔膜,供求不济,要书的人不晓得现在社会中究竟出些什么书,卖书的人也不知道谁要这些书,因此销者迟钝,读者枯窘,两有影响,俱非所宜!因此流通图书馆要发行一种刊物,汇集全国出版的消息,介绍给各地的教育机关,团体,学校,党部等等,使他们可以得到买书的门径,使出版界也可以推行他所出版的书,这也是一个普及教育好方法。

（七）设立各县露天阅报牌:读书所以启发智识,阅报可以明了时势,两者理应互相并重;但是中国社会有多少人,能够自订报纸? 不用说乡间民众,就是城内的民众也是如此吧! 风气鄙陋,消息迟钝,因此流通图书馆要选订言论公正的各地著名报纸,分发各县去张贴,使各地的民众,都有阅报的机会,既以集中视线,也能统一民众的观感和意志。

（八）设立图书代理处:各地的借书人,有二十人以上的,就可在这地方设立一个图书代理处,代理借书的事情,使借书人,可以不必一一直接向流通图书馆接洽,只须将借书单交与代理处,由其汇借,还时亦然;如此办法,当然可以减少借书的手续和负担,庶几能格外引起他们读书的兴趣,使教育也能得到尽量地发展。

第十六章　流通图书馆的特质和前途

在目前多难的中国,一般人民呻吟于困苦喘息之余,应如何消磨他们那休闲的时间呢? 试看烟酒进口的日益增多,化妆品的消耗有增无减,以及游戏场所(尤其是电影院)的风起云涌,都很明显的指示着中国人是在醉生梦死中,以躲避一切的烦恼与苦闷。这种社会物质的消耗与民族精神的沉沦,是何等可怕,是何等可悲啊! 在这种情况之下,我们唯有利用良好图书来消磨他们苦闷的闲暇,代替他们颓废的嗜好,转变他们娱乐的风气。所以图书馆事业的扩张与改进,实为我国当前环境所逼切的需要。

图书馆的设置,虽属辅助社教事业之　种,但是过去大都仅为智识分子所利用,而许多粗通文字的民众却很少问津,近年来民众教育日渐发展,图书馆亦因之而趋于民众化,而流通图书馆乃是民众化中最彻底的一种。足供同学们的参考,故本章提出流通图书馆的特质和前途。

图书馆常因供给的对象不同,设置的方法不同,而有

各种分类。流通图书馆乃是后起而不甚为人所明了的一种,故藉此即将其特质申述于左:

(1)流通图书馆是活动的而不是静止的　以往藏书楼式的图书馆,固然不用说是完全保守静止的状态;即在现代一般公开的图书馆中,也还是只能让人们到馆内去阅览,不能借出馆外,其活动的范围是异常狭窄。至于流通图书馆的图书则不然,它不但把所藏的书让人家借到馆外去看,并且还要邮递的方法把所有的图书川流不息的流通到城乡市镇去。所以它的馆址虽然固定在一个地方,可是它的图书却无时无刻不在流动的。

(2)流通图书馆是找人的而不是等人的　一般图书馆大体都是开着门等人们进来阅览,至于人们是否能来,或者是否愿意来,他们是不去顾问的;他们只知道办了一个图书馆,总得要开门,也总得预备一些书让人家阅览,所谓做一日和尚撞一日钟而已。反之;流通图书馆则不然,它是充满了积极的精神,不但开放图书让人来阅览,还要利用巡回书车到处招人读书;不但张贴广告引起民众的注意,还要利用讲演,以灌输阅览者的知识。

(3)流通图书馆是平凡的而不是高贵的　现代各国都有规模宏大典丽矞皇的图书馆,我国近年亦颇努力于大图书馆的建筑,以表示高贵的气象,这类图书馆对于少数专门学者以及智识分子是不能说没有裨益,但一般略识之无短衫粗褐的平民,都只有望而却步了。流通图书馆并不要这种高贵的气象,它只要很平凡的,使老少男女贩夫走卒都能够进来看书,使大多数人都能得到图书馆的益处。这是它在平凡中所表现的价值。

(4)流通图书馆是通俗的而不是专门的 有许多图书馆都很愿选购装潢洋派,内容专门,海内孤本的书籍,好比由此便可提高图书馆地位的尊严,至于大多数读者是否需要,却不常常顾到。但是流通图书馆选购的图书,完全以通俗为前提;在大众所要读的书还没有选购完备以前,是绝对不去搜罗什么孤本,访求什么宋版,放在馆中做古董和装饰之用。

(5)流通图书馆是经济的而不是浪费的 所谓经济的解释,乃是代价少而收效宏,就图书馆事业来说,譬如一本书的购置,必须能供给多数人的阅读,如果仅为极少数人阅读,甚至没有人读,终年置之高阁,那便完全失去了经济的效用;又如馆员的任用,必须能够尽其最大的努力,以发展馆务,倘仅为看守馆门,保藏图书,甚至吃闲饭而设馆员,则完全失掉经济的意味了。所以流通图书馆是用最少的金钱和员工,来使大众有书看,不像普通图书馆一般耗费许多的金钱,仅让极少数人读书。

以上几点,可说是流通图书馆和普通图书馆不同的特质,这种特质的说明,是足以帮助我们了解流通图书馆的功效和使命,并且感到我国目前最需要的一种图书馆吧!

流通图书馆在目前虽然十分的需要,但迄今仍无长足的发展。这原因很多,主要的不外乎下列几点:(1.)民众不识字者占大多数,故需要的对象不多;(2.)性质通俗的书籍甚少,不能适合一般民众阅者的程度;(3.)内地交通迟滞,不易作广大迅速的流通;(4.)社会上缺乏鼓励读书的空气;(5.)办理图书馆者未能努力宣扬事业的真相,以及引起民众阅览的兴趣。对于以上各点的补救方法,我们很容易知道:(1.)应积极普及民众教育;(2.)应多编著民众读物;(3.)应发展各地交通;(4.)应多举行各种读书会讲演会及其他有关读书的竞赛会等;(5.)应由图书馆界作宣传运动。除了最末的一项外,其他各项都不是从事图书馆者所能单独为力,必赖社会各方面事业的促进与帮助。

流通图书馆发展虽有许多困难,然而流通图书馆之所以值得提倡,至少有下面三种理由:

(1)易于普及　流通图书馆采用经济的原则,成立较易,它并不一定要大规模的馆址,更不需要代价很高的书,它只要设法把良好的书流通给一般民众;故在目前社会经济能力衰落之下比较容易普及。

(2)易深入民间　因为流通图书馆的图书是流动的;所以它的馆址虽然在城市中,仍然可以利用巡回书车以及邮递的方法深入到乡镇方面去,使乡村民众也可以得到读书的机会。

（3）易适应民众的需要　一般民众大概是终日劳苦的居多，很难抽出几点钟的工夫到图书馆来看书；如果采用流通的方法，那末他们坐在家中可利用一些闲暇的时间来读书，这当然给他们不少的便利。并且民众需要阅读何种图书，也可从其阅读次数的统计上，获到解答。

我们认清了流通图书馆的功效以后，一定会感到它的前途是有无限的期望，在这期望之中，图书馆界今后应努力的有后列各端：

1. 发起流通图书馆普及运动，以达到全国各县至少设有一馆为目的。

2. 现有公立图书馆中应附设流通图书部，将各种图书尽量流通到馆外，以获得最大的使用。

3. 请求政府应在各地方社教经费项下指拨的款办理或补助流通图书馆事业。

4. 与社会教育界通力合作，以谋图书馆事业的扩张。

5. 积极训练办理流通图书馆的人才。

6. 鼓励智识份子创办私人流通图书馆或捐助图书于已创的图书馆中。

第十七章　发展流通图书馆的几个先决问题

　　图书馆是供给人们一切的知识的泉源,推广民众教育的利器,它可以提高社会文化,辅助学校教育,不过在中国已往的图书馆,只是一种搜集文献与保存国粹的藏书楼,并不能表现它对于社会及一般民众的功用。到了近十年来图书馆才逐渐把它的藏书公开给予一般平民阅览,并且为谋阅者种种的便利,设置各种阅览室,编制各种图书目录卡片,根据阅览者大多数的需要而添购新书,这些都可以证明比较已往是进步得多了。但是进一层来说,则仍有许多不能予阅览者十分便利的地方,譬如图书馆有一定开放的时间,使阅览者减少许多阅读的机会,借书有种种的规则和保证,使借书者因限于章程,而不愿借或不能借。

　　阅书及借书多半都只规定在馆内流通,而较远些地方的人们,便没有阅览的机会。所以普通一般图书馆的缺点,便是不能更巧妙的更有效的运用所藏的图书,不能尽量吸收更广大的阅览群众。为着补救上述的缺陷,流通图书馆便是适应此种需要而产生；它除了具有普通图书馆一般的功能外，更利用各种方法，使图书可以流通至各地以吸收广大的阅览者。它的事业种类大概有通讯借书，巡回文库，车送图书，陈列图书以及分设代理处借出图书，总之，它最大的目的在极力打破地域和时间的各种限制，使馆中所存各种图书能很迅速地的与很普遍的流通，所以，流通图书馆可说是现在最进步的图书馆，可是此项新兴的事业，因经费和人材各方面都还没有一个巩固的基础，所以尚未获得社会一般人士的了解。若是我们要使流通图书馆事业一往无滞的发展，就必须着眼到下面几个根本的先决问题：

1. 要促进民众教育迅速的普及　图书馆好像一家商店，各种图书便是它的商品，阅览者便是他的主顾，假使我们要想商店生意兴隆，必须先要主顾的购买力强，然后商品才容易畅销。可是我们看看中国的阅览者如何？大部份都是有闲阶级和青年学子，至于真正的民众是很少到图书馆来阅书，因为他们大多缺乏阅读的能力。试看教育部所发表的全国民众学校概况报告，（见廿 ⌐ 年七月廿七日申报教育栏）"（一）各省市失学人数约计为二二四，四七三，二五三人，（指年长失学者言）（二）各省市已减文盲数共一百四十五万余人，约占文盲全数百分之一又半。"根据这两点看来，可见中国文盲的减除速率非常缓慢，流通图书馆的事业当然也不容易迅速的发展。所以现在比较文明的城市中虽然都设立了一个图书馆或阅书处,但是常常不免有门庭冷落的现象,这固然还有其他的原因,但是民众教育不能迅速普及,却是图书馆事业前途的重大障碍。所以我们站在发展流通图书馆的立场上,应该注意到民众教育的促进和普及。

2. 要编制适合民众兴趣的读物　虽然有了识字的民众,但是图书馆内所陈列的读物,不能适合他们的要求,那末结果也要失败的,这是我们很容易想到的。现在我试验一出版界中的读物,很少是为民众所能阅读的,尤其很少是为民众而写的,即使有极少数的读物是为他们而写,但因一部分编者把他们看成了放大的儿童,不能了解他们的心理过程,结果仍多不合他们的兴趣,试问他们又怎样高兴到图书馆来读书呢? 所以有一部分粗识文字的民众,宁愿到旧书摊上出钱租阅充满了封建迷信绿林豪杰各种思想的唱词,演义,不愿到一文不收的所谓"民众图书馆"来,因这纯粹是他们兴趣的要求,所以我们应该了解这种情势,要使图书馆能够为一般民众所乐于利用,必须多多从事于民众读物的编著,在编著的时候,应该要深切的注意到一般粗通文字的民众,是对于人生生活已有丰富经验的成人,绝对不是放大的天真烂漫的儿童。

3. 要发展城市和乡村的交通事业　普通图书馆对于这一点,似乎还没有显明关系,但就流通图书馆内的事业说来,那末这是很重要的一点,因为流通图书馆的事业范围,不仅在本馆以内,还要使图书能够流通到馆外,由某市至距离较近的各个乡村,各个城市,以至全省,全国。譬如车送图书便须流通到馆址所在地的城市及乡村,那末必须道路便利,才易推行,通讯借书可以流通至全省及全国,那末必须水陆便利,邮递方可迅速,由此,可见交通事业对于流通图书关系的密切,如果像现在我国各乡村的交通不便,流通的效果和范围便自然要减低,事业也不容易发展,所以我们为着发展流通图书馆事业起见,同时还要要求交通事业的发展。

4. 要有公家确定办理流通图书馆事业的经费 经费是一切事业发展之母,但是现在我国目前的流通图书馆事业,还是由私人或私人团体来办理,公家对于这种事业并没有十分的注意,固定的经费更谈不到了。所以流通图书馆事业的前途,是令人感到非常的飘摇。我们知道图书馆的办理,在表面看起来似乎是一种消费的事业,但是如果真正办理得法,那予社会上实际的效益是非常之大。况且流通图书馆更具有下列的特点:

(一)流通图书馆的对象,不论男女老幼。

(二)流通的区域,只要交通方便,毫无限制。

(三)流通的时间也可以相当的通融。总之,它是补救普通图书馆的缺陷,而成为新兴图书馆事业之一种,所以,我们如果感到流通图书馆在现代社会的重要,那末对公家便有一个恳切的要求,即划分一部分固定的经费,做发展此项事业的基础。

　　以上所举的几点，是从发展全国整个流通图书馆事业上所提出的先决问题；并非少数从事流通图书馆者的力量所能办到，但现在热心于流通图书馆者，必须先着眼到这些根本的问题，努力向政府和社会上作多方的鼓吹和宣传，引起大家的注意，和帮助。但同时自己在事业上的可能范围之内，也不妨设立民众补习机关，编印民众读物等，并且以实际的成绩昭示于社会，在各种先决问题，可以迅速解决之中，流通图书馆也必定随之有迅速的发展。

第十八章　各国图书流通事业的概况

历来办教育的重心，往往集中于学校教育，可是现代的教育，应以整个的社会为对象。所谓社会教育事业，其范围比学校为大，而社会教育的重心，实在系于图书馆。

图书馆事业在欧美各国，上至都市，下至乡村，已有普遍的设立，全国民众都有享受图书馆的机会。我国之兴办图书馆，还是近二三十年的事，全国图书馆的总数，依据最近教育部的统计，连民教馆图书部在内，只有二九五二所，比较欧美各国，真是远不能逮。

全国面积如此的辽阔，人口如此的众多，仅靠此少数的图书馆，以救济全国人民的智识荒。那末无论此项图书馆，搜罗如何丰富，事业如何发达，事实上决不易为力，何况就现在情形而论，只为给少数人的参考或学生的研究，尚感不足，还能普及到民众方面去么？

国家的进步，全靠民众的智识，现在我国失学的民众，占全数百分之八十以上，想求学而得不着机会的，更是不在少数。所以提高民众教育的智识程度，解决民众的求智问题,确是目前民众运动中一个最重要问题,也就是求充实国力的基本问题。中国近年来对于民众教育颇能注意,国联教育考察团且誉扬我国成人教育有独到之处。但据教育部统计,二十一年度全国社会教育经费仍有缩减的倾向。在这情形之下,我们既不能从事于大规模之新的设施,则仅将就原有的设备作充分的利用;尤其在图书馆方面,为救济目前急切的需要,可先就现在所有的图书馆,将其流通事业加以推广,一方面注意民众的程度,一方面设法搜罗通俗的图书,使其效力扩张到全社会去。

查各国办理图书馆的,为谋全国民众都有机会利用图书馆起见,对于图书的流通问题,十分注意。他们办理一图书馆,不仅把馆内的图书管理方法,尽量改善;阅览指导事业,相机进行。并且是随时随地,将所有图书,抽调若干部分,推行到馆门以外去,即使穷乡僻壤,应不辞跋涉深入其间。使一般喜阅图书以增进智识者,得以随处享受利益,以满足其求智欲,此种办法,创始于英国,美国继起效法,收效甚宏,直至今日,已成为图书馆界重要的业务。

现在把各国对于流通事业的情形,略述如下:

【英国】——英国自一九一五年以后,即由卡南奇基金董事会,供给经费,从事于乡村图书馆的发展事业。其法以郡为单位,每郡设一图书馆,郡内各乡村无资自设图

128

书馆者,可设立郡分馆或书站,由郡馆按时送书到分馆或书站,借人阅读,使全国乡村居民,皆有借书机会。计每年借出者,达四百七十余万卷。一九一九年后,此项图书由地方政府接收办理,仍以郡图书馆为乡村图书馆事业的中心,其与各级图书馆的联络,极为密切,凡乡村图书馆或书站,均得向郡区图书馆轮流换借图书。

【美国】——美国现有四千个团体,都有公开图书馆的设备,他们藏书册数,多至数十万册,少至几千册,这些图书馆并且有百分之八十都有借书于民众阅读的办法,有的并且办了巡回文库,推行到偏僻的地方去。每年由巡回文库流通在外的书籍,计达二百五十万册云。

【日本】——日本的巡回文库,大都盛行于乡间,于促进乡村文化,极有功效。最近东京市教育局并计划设立"移动图书馆",就是用着大车载着书籍,就在市内人烟稠密的地方巡行,而供给社会人士的阅读,其他如辅助机关之有分馆,配给所,贷附所等,巡回文库之有家庭文库,学级文库等,无不尽力推行。即以设立我国东北之大连图书馆而论,也办有巡回文库,巡回书库贷付所,巡回小函回付所,特别回付所,学校书库,列车书库等,足使南满铁路势力所达之区,或日侨足迹所托之地,悉有图书馆的供给,俾得有读书的机会。其文化设施之猛进,诚不能不使人钦佩了。

【苏俄】——在苏俄五年计划中,要将小图书馆的数目,从二万二千所,增加到三万八千所,其中又有四万个新的移动文库组织,苏俄近代图书馆的组织,尤以各种移动图书馆为最占重要的位置。移动图书馆的开始,虽在革命以前,而进步却在一九二三年以后。凡:(1)省或县图书馆,均附设巡回文库。(2)乡村图书馆分为大镇图书馆和小镇图书馆,为节省经费起见,也在乡村或小工厂内,设立移动图书馆,免费供给书籍于一般阅者。(3)乡村书报室,书籍由巡回文库供给,发展甚速,至一九二五年一月,已有一三五一〇处。

按移动图书馆为流通图书达于远道区域的一种设施,自一九二五年一月,苏俄政府颁布各县应设置二个经常图书馆和七个移动图书馆命令以后,到了最近,经常图书馆虽大致还在平衡状态,可是移动图书馆却有了积极增加。至经常图书馆与移动图书馆的差别,又可知其对于读者成分的不同。经常图书馆主要的是为一般青年与都市中程度较高的人而设的;移动图书馆是为劳动者,农民以及妇人等,受教育无多的人而设的。苏俄移动图书馆馆员,当用车载运书籍,前往工厂及各地方给与民众借阅时,常不仅尽贷书之责,而更向劳动者及农民说明本书的内容,使他们更能容易了解。这也是促进苏俄社会文化发展中的一重要因素。

【丹麦】——一九二〇年,丹麦有图书馆法规的制定。举凡通都大邑,都有图书馆的设立,就使极渺小的村落中,也多有图书馆的设施。依照这个法规,把全国分为二十六区,每区置中央图书馆一所,市镇图书馆若干所,及乡村图书馆若干所,务使各市村内,人人有接触图书馆的机会。至图书馆的基本单位,则为乡村图书馆和市镇图书馆,在二者之上,设立各区中央图书馆。区中央图书馆的主要任务,一为供给辖区内各图书馆之书报图画;二为直接传送小说以外之书籍于读者。至于实施方法,大抵各中央图书馆,设置巡回文库若干所,按时依次分寄图书于地方图书馆,又中央图书馆,每于公共汽车停车场中,设立图书分配驿站,按丹麦的道路建筑极为发达,公共汽车,本可随处通行;丹麦人又喜乘坐脚踏车,尽可于短时间驶来自取,因之虽穷乡僻壤,村落民众,亦有借阅书籍的权利,此丹麦国民所以成为爱好读书的民族。

此外如德法以及印度,也各有巡回图书馆,流通图书于全国各地,以造成社会爱好读书的风气。图书馆与成人教育及一国学术文化的关系,不就可显而易见么?

所以我们现在为一般民众提高智识着想,希望政府和图书馆界能够努力提倡,最好自然能使全国图书馆数量,从速增加;否则也得使已办的图书馆,充实内容,尤其须注意图书的流通,使一般民众均得享受图书馆的利益。今日城市社会与乡村社会的民众智识与文化程度,几已成为截然不同的两种范畴,而因为都市民众在文化上所受的薰染较乡村优越得多,其发展状态便也畸形而不一致。假使我们更不设法调剂，其裂痕不将愈陷愈深吗？这种情形，殊与全民众教育普遍发展的宗旨不符，而非国家社会之福。这是吾国办理社会教育者，所应当特别注意的；可是图书馆的亟应推进流动事业，稍求弥补缺憾，此乃当务之急，势难缓图了。

我国图书馆，向以收藏图书，专负保管的责任为能事，近年来才晓得引起民众，来馆利用，然而讲到图书馆最大效用，仍未见尽量发展。图书馆功效的表现，要看他的图书流通事业，是否达到相当程度；因为图书馆也同商店一样，要营业上的发达，必得另设分店，支店，代办处等，使商品得广推销于民众。所以在民智幼稚的吾国，图书馆所负的使命，确是非常重大；尤当取法欧美各国图书馆办理流通图书的方法，努力推行，以宏成效。这因为图书流通事业在我国方面正在萌芽，能否发展长成，是有赖于办理者的设计与改进。

第十九章　中国境内图书流通事业的概况

讲到近世的教育,不是闭户造车,或墨守成法所能济事,总要时时紧追潮流,才能推陈出新,合乎需要;况且世竞益烈,人事日繁,教育只能去适应社会群众,断断不能使社会群众来适应教育。因此,非得办教育的人,自身有刻苦的进取,和研究团体的组织。借以互相攻错,彼此探讨,要能时行参观,考察,借鉴他山截长补短,更属不可或忽之事,图书流通事业,是最近中国社教上的新产儿,一切设施,多很幼稚。

中国教育事业,向来没有精确的统计,不但学校教育如此,就是图书馆教育也何独不然,目今中国境内究有几个国立图书馆,省立图书馆,县立图书馆,专门图书馆和特殊图书馆,不容说外界的人不明了,就是连办理的人,恐也未能尽详吧!

本章所举事实,仅就编者年来以耳闻目接之所得,分叙于后,作为中国流通图书事业的一个统计:

上海通信图书馆——民国十年五月一日在上海地

方,才产生了中国破天荒的通信图书馆,他们的事业是用通信借书的办法解决受有职务,时间,地处,经济等牵制的民众的求智欲,困苦经营,支持八年,远近借书研读的人,倒也不少,后来不知为了什么,先受党部查封,后被教育局的没收,一直等到十九年的夏天,才经教育局改为市立流通图书馆,移其馆址于城隍庙内的楼上,而该馆当初的命意和目标却都已改变了,实在可叹得很。

浙江流通图书馆——该馆创设于民国十四年四月,由陈独醒个人捐资创办,初命名为浙江邮区流通图书馆,后改今名,现设杭州鼓楼,自十七年起受市府的补助,在原有之流通事业外,并办有足以容纳二百人的阅览室。现有的事业计分九项:一、劝人读书,二、到馆借书,三、通信借书,四、陈列图书,五、巡回图书,六、车送图书,七、代理图书,八、设立各县露天阅报牌,九、发行中国出版月报,可谓尽流通图书的能事,同时也可算是中国唯一的首创流通图书馆。

杭县教育流通图书馆——民国十七年春季杭县县政府为要使全县的小学教员获得读书的便利起见,曾办起杭县教育流通图书馆来,设馆址于县政府,所置备的书,只有教育与文艺两种,且流通的范围,也只有限于杭县的小学教师,搜集如此之简,范围如此之小,所以它的事业,也不见得有怎么生气。

临安教育流通图书馆——民国十八年浙江临安的教

134

育界，也顺应民众的需要，办起流通图书馆来，可惜因为没有钱，一点也举动不起什么，只承了流通之名，而无流通之实。

湖北省立图书馆——在中国境内的省立图书馆，肯将全部图书自由借出馆外的，只有武昌的湖北省立图书馆，它们从十七年起便将馆中全部的书许予市民借出馆外去读，行之二年，成效大著，在十八年十二月统计，居然有二千多人，时常向它们问津，平均每日借书的人，总在八九十以上，如此成绩，实在难得之极，不过他们除掉准许到馆借书之外，不兼行各种的流通方法，这未免美中不足吧！

南昌市府的巡回文库——南昌市政府教育科所办的巡回文库，非常别致，使一个走卒，肩着两只书箱，手里拿着铃，且走且摇，凡是他所经过的各马路商店伙计，和小学师生，工厂工人，都可以向他借书，约期归还，到了日子，他便来收，如此办法，竟被他吸引了许多读者。编者因它事业的可取，所以特地为它介绍一下。

天津的图书代办处　　天津市立的五个通俗图书馆，各在它范围以内的阅报所，讲演所，茶楼，旅馆及市场等处，设立图书代办所，每所支配通俗图书一百余册按月更换一次，合计全市这样的代办所，共有二十多处，所以天津的市民，随便走到什么地方，多可以得享读书之惠。

北平教育局的巡回图书——北平市区除掉第一普通

图书馆及民众图书馆外,有十四个阅书报处,其中的图书,均由教育局用巡回方法,按月交替陈列,此举虽不甚奇特,然亦足见北平教育当局之重视巡回文库了。

浙江省立图书馆——该馆图书流通事业,从民国十九年度起,由推广组办理,当时有轮船流通图书部一处,民众书报阅览处五处,流通图书部五处,流动文库一组。都分设在杭州城内,民国二十三年度起,流通事业归阅览组办理,另设流通图书部五处于各县,委托各民教馆代办。最近他们的计划,除流通图书部固定设立外,待书本式目录印就后,于本省境内,办理通信借书,以期流通事业,推广于浙江全省。

申报流通图书馆——该馆创始于民国二十一年,为申报服务社会文化事业之一,当设立之初,仅限于到馆借阅,到了廿二年一月,适应读者之需求,添设本埠邮借部,以助到馆借书之不足,同时鉴于读者选书之漫无标准,以及读科学书的没兴趣,于是创设读书指导部,并开辟阅览室及试行外埠借书。

江苏流通图书馆——该馆创办为陈涛夫妇,成立于民国二十三年元旦,一切组织及事业,都是依照浙江流通图书馆来办理的。

巡回书库的推行——从十七年经浙江流通图书馆创始开架式的巡回书车之后,继起最早的,有长沙民众教育会的巡回书车,和江苏省立民众教育馆的巡回书车;最近

136

有浙江省党部党义图书巡回书车,浙江省立图书馆的巡回书车,和浙江省立民众教育馆的巡回书车,制作同工,形式一律,风行遐迩,到处继起,虽然这种工作,仅属流通方法之小焉者,然而他所给予平民的利导,却也不在少数吧!

教育部通令创设流通图书部——十八年一月在南京中华图书馆协会年会席上,经许多专家的提议,申请教育部通令各省从速筹办流通图书馆,在这事不能办到以前,应责令各省教厅,令省立县立图书馆加辟流通图书部。这事于十九年才由教育部令行各省教厅照办,此后全国各地图书馆,对于流通图书工作,必有一番新气象了。

浙江省会巡回文库委员会的组织——十九年五月浙江省立图书馆为发展省会巡回文库事业并联络省会设有巡回文库之各机关,得以通力合作,共策进行起见,特组织省会巡回文库委员会,大凡杭市办有巡回文库的社教机关,统统都加入内,相互攻错,彼此探讨,这也是流通图书事业的一种组织。

以上所述,仅就我个人所见所闻的列入,以时间不及,未能详加调查,挂一漏万,在所难免,这是我应提出声明的。